기독교문서선교회 (Christian Literature Center: 약칭 CLC)는 1941년 영국 콜체스터에서 켄 아담스에 의해 시작되었으며 국제 본부는 미국 필라델피아에 있습니다. 국제 CLC는 약 650여 명의 선교사들이 59개 나라에서 180개의 서점을 운영하며 이동 도서 차량 40대를 이용하여 문서 보급에 힘쓰고 있으며 이메일 주문을 통해 130여 국으로 책을 공급하고 있는 국제적 문서선교 기관입니다.

추천사 1

안 상 혁 박사
합동신학대학원대학교 총장

본서가 어떤 책인지는 스스로 명확히 밝히고 있습니다.

본서는 그리스도에 관한 책이다. 성경이라는 거울을 통해 그리스도를 깊이 생각하고, 우리가 알 수 있는 그리스도에 대한 모든 것, 즉 그리스도의 모든 아름다움과 경이로움을 즐기기 위한 책이다.

싱클레어 퍼거슨에 따르면, 우리는 그리스도와 그분의 은택을 구분하지 않도록 주의해야 합니다. 죄사함, 칭의, 입양 등과 같은 혜택은 신자가 그리스도와 연합할 때 누리는 혜택입니다.

설교자는 '어떻게 하면 사람들에게 이러한 혜택을 제시할까' 고민하기보다는 '어떻게 그리스도를 설교할까' 하고 생각해야 한다고 퍼거슨은 주장합니다. 이러한 퍼거슨의 요구에 잘 응답하는 책이 바로 『영광의 그리스도: 사람과 일과 사랑에 대한 묵상』(*The Glorious Christ: Meditations on His Person, Work, and Love*)이라고 생각합니다.

본서는 그리스도께서 베푸시는 은택보다 오히려 그리스도 그분에게 집중하고 있습니다. 바로 여기에 본서의 주요한 장점이 있습니다.

저자가 인정한 바대로 본서는 존 오웬의 『그리스도의 영광』(*The Glory of Christ*)과 매우 흡사합니다. 오웬은 그의 책에서 그리스도의 영광을 바라보는 것이 신자에게 어떤 유익과 의미를 제공하는지 탁월하게 설명합니다. 본서 역시 동일한 역할을 합니다.

그리스도의 영광을 바라보는 것이 신자에게 어떤 유익을 제공할까요?

본서의 제목에 그 해답이 있습니다. 그리스도의 영광을 바라보는 것은 신자를 변화시킵니다. 무엇보다 신자는 성령님으로 말미암아 그리스도의 형상으로 변화되는 영광을 누리게 됩니다(고후 3:18). 저자는 오웬의 가르침을 자신의 경험으로 잘 소화한 후에 그 핵심을 누구나 이해할 수 있는 쉬운 언어로 표현해서 전달하고 있는데, 이는 누구도 부인할 수 없는 본서의 장점입니다.

본서 안에서 그리스도의 존재와 사역에 대한 교리적 주제, 곧 '하나님이자 사람이신 그리스도', '쿠르 데우스 호모'(성육신), '그리스도의 온전한 순종'(십자가와 부활), 승귀와 보좌 우편에 앉으심, '그리스도와의 연합'(자연적, 영적, 계약적 연합) 등과 신자의 삶에서의 실존적, 실천적 적용은 자연스럽게 어우러집니다.

저자는 "그리스도를 하나님이신 사람으로 자주 생각"하고, "하나님이자 사람이신 그리스도에 대한 모든 생각을 찬미, 흠모, 감사로 가득 채우라"라고 권면합니다. 또한, 저자는 각 장의 마지막에 있는 "반성과 토론을 위하여"를 통해 그리스도에 관한 지식이 어떤 방식으로 신자의 삶에 적용되어야 하는지 친절하게 안내합니다.

한편, 본서는 그리스도에 대한 실존적 묵상이 주관주의에 함몰하도록 인도하지 않습니다. 무엇보다 객관적 계시의 말씀인 성경 안에 계시된 그리스도께 집중하도록 독자를 독려하기 때문입니다.

마지막으로, 본서는 신자들의 시선을 종말론적 소망의 실체인 그리스도를 향하도록 안내합니다. 저자의 러브레터 비유는 탁월합니다. 이 땅에서 믿음으로 보는 그리스도의 영광은 사랑이 듬뿍 묻어 있는 러브레터를 읽는 것과 유사합니다. 이것도 마음 벅찬 기쁨을 주지만, 앞으로 우리가 영광의 눈으로 바라볼 그리스도의 영광과는 족히 비교할 수 없습니다.

본서를 읽기 시작할 때 저자가 말한 '영적 회복'은 이미 시작될 것입니다. 책을 덮을 때 독자는 그리스도의 영광이 주는 환희와 사랑으로 마음과 영혼이 가득 채워지는 경험을 하게 될 것입니다. 아울러 역자의 수준 높은 번역과 친절한 안내를 받으며 본서를 탐독해 가는 것 역시 본서를 통해 독자가 누리는 적지 않은 즐거움입니다.

추천사 2

김 대 혁 박사
총신대학교 신학대학원 실천신학 교수

성경은 우리를 향한 하나님의 구원 계획과 약속과 성취를 보여 줍니다. 그리고 그 중심에는 영광스러운 그리스도가 계십니다. 그래서 성경을 제대로 읽으면, 자신을 위한 교훈을 넘어서 우리의 구주이신 그리스도를 만나게 됩니다. 그리스도를 진정으로 만난 사람은 중심이 변하게 되어 있으며, 중심의 변화는 반드시 삶의 변화를 수반합니다.

자기 속에서 나오는 두려움과 의무와 성과에 의한 것이 아니라, 우리를 구원하신 예수 그리스도의 아름다움에 감복하고, 그분의 은혜에 감사하며, 그분의 사랑에 이끌려 우리를 그분을 사모하며 닮아 가게 됩니다. 결국, 그리스도를 중심으로 성경을 볼 때, 우리는 그리스도를 중심으로 그분을 닮아 가는 삶의 변화를 경험합니다.

본서는 그리스도의 영광이라는 신학의 에베레스트산맥이 자아내는 장관을 총 13장의 작은 화폭과 노래에 담아 한 자리에서 보고 노래할 수 있도록 돕는 책입니다.

저자 크리스 룬가드(Kris A. Lundgaard)는 17세기 최고의 청교도 지성이라 할 수 있는 존 오웬(John Owen)의 저서, 『그리스도의 영광』(The Glory of Christ)이 담고 있는 높은 영적 통찰을 자신의 방식으로 각색해서 쉽게 풀어내 21세기를 살고 있는 현재 독자들에게 전달하고 있습니다.

존 오웬이 말하고자 한 모든 것을 그대로 전하고 싶다는 저자의 의도대로 본서의 모든 장에는 그리스도가 담겨 있습니다. 당연히 그 이유는 우리 마음의 중심에 그리스도를 두도록 하기 위함입니다. 본서는 우리로 하여금 하나님의 영광을 그 시작부터 끝까지 그리스도를 통해 바라보도록 합니다.

본서는 우리가 그리스도를 바라볼 때, 비록 이 땅에서 굴곡진 삶을 산다고 하더라도 여전히 영광스러운 기쁨으로 삶을 노래하며 그리스도를 사모하며 살아가는 삶의 특권을 보여 주고 있습니다.

모든 성경이 자신을 향해 있다고 말씀하신 예수님의 성경 해석(눅 24:27; 요 5:3)을 따르며, 사도들의 예수님에 관한 이해와 가르침(행 4:12; 요 20:31; 고전 2:2)을 존중하고, 특별히 그리스도 안에 지혜와 지식의 모든 보화가 감춰져 있음(골 3:2)을 확신하는 모든 사람에게 이 본서는 영원히 변하지 않고 지루하지 않은 그 찬란한 보화를 들여다볼 수 있는 렌즈가 되어 줄 것입니다.

모두가 자기 중심적인 세상 속에서 성경과 신앙의 바른 중심을 잡고 살아가기를 원하는 신자라면 본서를 읽어 볼 것을 강권합니다.

추천사 3

조 태 성 박사
익산 청복교회 담임목사

추천사 부탁을 받고 얼마 후 원고를 받았습니다. 처음에는 별다른 생각 없이 읽어 나갔지만, 저자의 깊은 영성을 깨닫게 되는 데는 긴 시간이 필요하지 않았습니다.

저자가 분명하게 밝혔듯이 본서는 17세기 청교도 신학자 존 오웬의 저서 『그리스도의 영광』을 모티브로 하고 있습니다. 저자가 본서를 통해 이루려는 목적은 참된 그리스도인이라면 반드시 가져야 하는 그리스도에 대한 강렬한 열망, 즉 그리스도를 사랑하고, 갈망하고, 닮아 가고자 하는 열망을 이 땅의 신자들에게 전하는 것입니다.

무엇보다 저자는 분명한 성경적 근거와 해석을 토대로 그리스도 중심의 신앙관을 소개하고 있기에 이해의 폭을 한층 더 깊게 합니다.

본서를 읽으면서 느꼈던 감동을 그림으로 비유한다면 마치 인상파 화가의 그림 같습니다. 저자는 선교사로서 타 문화 사역의 경험, 설교자로서의 성경 묵상, 그리고 예수님에 대한 깊은 사랑을 녹여서 독특한 분위기와 흐름을 담고 있는 결과물을 만들어 냈습니다. 마치 인상파 화가처럼 ….

물론, 저자의 이런 저술 방식을 분석하고 비판할 수도 있겠으나, 주님을 사랑하고 닮아 가고자 하는 저자의 창의적 노력과 시도, 그리고 그 결과물인 본서의 내용은 그저 신선한 감동을 줄 뿐입니다.

끝으로, 역자 노은성 목사님은 저와 오랜 시간을 함께 교제해 온 귀한 동역자로 제가 겪은 노은성 목사님은 학문적 깊이와 더불어 깊은 영성을 지닌 분입니다. 본서는 노은성 목사님의 학문적 깊이와 영적 통찰력을 그대로 드러내는 책으로 예수 그리스도를 갈망하는 모든 성도에게 큰 울림을 줄 것이라 믿으며 기쁜 마음으로 추천하는 바입니다.

추천사 4

정푸름 박사
치유상담대학원대학교 목회상담학 교수

우리는 종종 그리스도를 보기보다는 그리스도를 가리키는 손가락에 집중할 때가 많습니다. 그리스도를 가리키는 손가락에 집중하다 보면(그것이 쉽고 편하고 선명하기 때문에), 정작 그리스도의 본질과는 멀어지는 경우를 종종 경험하게 됩니다. 따라서 우리가 누구에게 집중하고 있었는지, 누구에게 집중해야 하는지를 끊임없이 환기시킬 필요가 있습니다.

그런 의미에서 본서는 우리가 그리스도의 본질을 바르게 볼 수 있도록 도와주는 책입니다. 성경과 교리를 중심으로 그리스도의 얼굴을 보기 위해 베일을 걷어 주는 역할을 합니다.

본서의 장점은 설명이 단순 명료하여 이해하기 쉽다는 것이고, 주장하는 바가 명쾌하며, 내용은 유쾌하기까지 하다는 것입니다. 그리고 반추하고 토론할 수 있는 자료들도 많이 소개하고 있어서 개인 또는 교회의 소그룹에서 교재로 활용하기에도 매우 좋은 책이기도 합니다.

모쪼록 본서를 읽는 독자들은 본서를 통해 다시 한번 그리스도 중심으로 우리의 신앙을 환기하는 기회가 될 것이라 믿으며 기쁜 마음으로 추천합니다. 끝으로 바쁜 목회 일정 속에서도 이처럼 좋은 책을 번역, 소개한 역자 노은성 목사님의 수고에 한 사람의 독자로서 깊은 감사를 드립니다.

추천사 5

브라이언 채플(Bryan Chapell) 박사
전 PCA(Presbyterian Church in America) 사무총장

룬가드는 그의 첫번째 책에서 죄라는 질병을 진단하는 사람으로서 뛰어난 역량을 보여 주었다. 이제 그는 그리스도의 영광과 은혜라는 절대적으로 필요한 치료제를 들고 영혼의 의사로서 그 사역을 감당하고 있다.

제임스 패커(J. I. Packer) 박사
전 Regent College 신학 교수

이 귀중한 책은 네 가지 장점을 가지고 있다.

첫째, 예수님과 그분의 영광에 대해 집중 조명하고 있다.
둘째, 그리스도인의 마음에서 무엇이 잘못되었는지, 그리고 그 잘못을 해결하기 위해 무엇을 해야 하는지에 대한 날카로운 분석을

제시하고 있다.

셋째, 특히 나 같은 노인들의 원기를 북돋는 말을 담고 있다.

넷째, 존 오웬의 심오한 청교도 사상을 십 대 이상의 신자라면 누구라도 이해할 수 있도록 쉽게 표현하고 있다.

특히, 본서는 전통적 교리가 가지는 품격을 잃지 않으면서도 교리에 대한 새로운 헌신을 제시하고 있다는 점에서 독자 여러분께 적극 추천하는 바이다.

켄트 휴즈(Kent Hughes) 박사
전 Westminster Theological Seminary 실천신학 교수

크리스 룬가드는 본서를 통해 성경이 말하는 그리스도, 즉 모든 지평을 채우는 우주의 창조주이자 구세주를 우리에게 전해 준다. 하나님께 감사드린다.

영광의 그리스도

사람과 일과 사랑에 대한 묵상

The Glorious Christ: Meditations on His Person, Work, and Love
Written by Kris Lundgaard
Translated by Eun Sung Roh

Copyright © 2000 by Kris Lundgaard
Originally published in English under the title
Through the Looking Glass: Reflections on Christ That Change Us
by Presbyterian & Reformed Publishing Company,
1102 Marble Road, P.O. Box 817,
Phillipsburg, New Jersey 08865-0817, USA
All rights reserved.

Translated and printed by permission of P&R Publishing Company.
Korean Edition Copyright © 2025 by Christian Literature Center, Seoul, Korea.

영광의 그리스도
사람과 일과 사랑에 대한 묵상

2025년 11월 20일 초판 발행

| 지 은 이 | 크리스 A. 룬가드 |
| 옮 긴 이 | 노은성 |

편 집	전희정
디 자 인	소신애
펴 낸 곳	(사)기독교문서선교회
등 록	제16-25호(1980.1.18.)
주 소	서울특별시 동대문구 천호대로 71길 39
전 화	02-586-8761~3(본사) 031-942-8761(영업부)
팩 스	02-523-0131(본사) 031-942-8763(영업부)
이 메 일	clckor@gmail.com
홈페이지	www.clcbook.com
송금계좌	기업은행 073-000308-04-020 (사)기독교문서선교회
일련번호	2025-90

ISBN 978-89-341-2882-3 (03230)

이 한국어판 저작권은 P&R Publishing Company와 독점 계약한 (사)기독교문서선교회가 소유합니다. 신저작권법에 의하여 한국 내에서 보호받는 저작물이므로 무단 전재와 무단 복제를 금합니다.

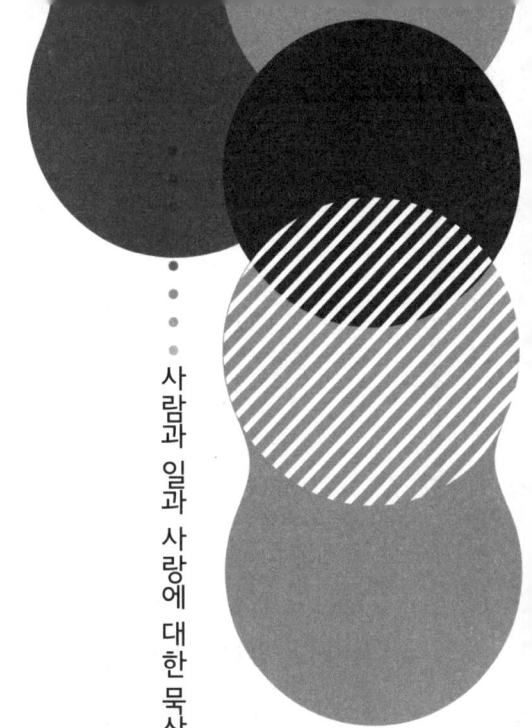

사람과 일과 사랑에 대한 묵상

영광의 그리스도

The Glorious Christ
Meditations on His Person, Work, and Love

크리스 A. 룬가드 지음
노은성 옮김

CLC

목차

추천사 1	안 상 혁 박사 ǀ 합동신학대학원대학교 총장	1
추천사 2	김 대 혁 박사 ǀ 총신대학교 신학대학원 실천신학 교수	4
추천사 3	조 태 성 목사 ǀ 익산 청복교회 담임목사	6
추천사 4	정 푸 름 박사 ǀ 치유상담대학원대학교 목회상담학 교수	8
추천사 5	브라이언 채플(Bryan Chapell) 박사 외 2인	10
본서에 대하여		18
저자 서문		20
역자 서문		23

제1장	그분의 영광을 보기 위하여	27
제2장	하나님의 유일한 얼굴	49
제3장	신비에 빠지다	67
제4장	그분은 스스로 낮추사 천지를 굽어 살피신다	85
제5장	사랑의 강	103
제6장	예배 받으실 영웅	118
제7장	하나님 우편에 계신 분	148
제8장	구약성경의 중심	163
제9장	정당한 교환	182
제10장	영광의 영광	205
제11장	헤어져 반쪽뿐인 마음으로 사는 삶	221
제12장	돌과 같은 내 마음	242
제13장	메마르고 굶주린 채로 나는 그분을 찾는다	268

본서에 대하여

본서는 그리스도에 관한 책이다.

본서는 성경이라는 거울을 통해 그리스도를 깊이 생각하고, 우리가 알 수 있는 그리스도에 대한 모든 것, 즉 그리스도의 모든 아름다움과 경이로움을 즐기기 위한 책이다.

무엇보다 본서는 그리스도를 경외하고 그리스도의 위대함을 즐기고 그분의 아름다움에 빠져드는 것만을 사랑하는 사람을 위한 책이다. 하나님의 어린양 외에는 아무 생각도 하지 않기를 바라는 사람들, 즉 그리스도를 사랑하는 사람들을 위한 책이다.

그리스도가 그들에게 모든 것이요, 최고의 기쁨이자 면류관이 되어야 한다는 마음을 오랫동안 마음속 깊이 품어 온 나 같은 사람들, 그러나 한 번도 그리스도를 자기 생각의 중심에 두지 못했던 사람들을 위한 책이다.

본서는 그리스도를 닮기 위해 최선을 다하지만, 실패하는 사람들을 위한 책이다.

그리스도 안에서 갓 태어난 아기들을 위한 본서는 단지 그리스도의 경이로움을 맛보고 그리스도를 흠모하는 첫걸음을 내딛는 법을 배우는 법이 담겨 있다.

또한, 본서는 그리스도를 향한 첫사랑을 잃어버린 미온적인 성도들, 즉 그리스도에 대한 애정이 마치 금방이라도 꺼질 듯이 깜박거리는 불꽃같은 사람들을 위한 책이다.

끝으로 본서는 그리스도에 대해 왜 그렇게 야단들인지 궁금해하는 회의론자들을 위한 책이다.

본서는 그리스도에 관한 책이다.

> 그리스도께서 내 곁에 계시고,
> 그리스도께서 내 앞에 계시며,
> 그리스도께서 내 뒤에도 계시나이다.
> 그리스도께서 내 안에 계시고,
> 그리스도께서 내 발 아래 계시며,
> 그리스도께서 내 위에도 계시나이다.
> 그리스도께서 내 오른쪽에 계시고,
> 그리스도께서 내 왼쪽에도 계시나이다.
> 내가 누울 때에도 그리스도께서 계시고,
> 내가 앉을 때에도 그리스도께서 계시며,
> 내가 일어날 때에도 그리스도께서 계시나이다.
>
> (성 패트릭의 〈흉배〉[Breastplate] 중에서)

저자 서문

크리스 룬가드(Kris Lundgaard) 목사
슬로바키아 선교사, 테크니컬 라이터(Technical Writer)

본서는 17세기 청교도 존 오웬의 책과 매우 유사하다. 그 이유는 순전히 내가 의도했기 때문이다. 존 오웬의 책을 너무 좋아했던 나머지 나는 오웬의 책을 완전히 내가 쓴 책처럼 보일 때까지 손보았다. 그러나 이런 내 의도와는 달리 오웬의 가르침은 내 책 속에 그대로 녹아 있다.

만약 당신이 오웬의 책을 읽는 법을 배울 만한 인내심이 있다면 (분명 영어로 기록되어 있지만 현대 영어와는 전혀 다른 영어로 기록된) 본서 대신 오웬의 『그리스도의 영광』(*The Glory of Christ*)을 읽을 것을 적극 추천한다. 그러나 옛 영어를 익힐 만한 시간적 여유가 없다면 본서가 충분히 도움이 될 것이다.

오웬뿐만 아니라 많은 분에게 감사를 드린다. 먼저 마리아 덴보어(Maria denBoer)와 톰 노타로(Thom Notaro)의 세심한 편집에 감사드린다. 아울러 내가 즐겁게 책을 쓸 수 있도록 끊임없이 격려를 보내 준

바바라 러치(Barbara Lerch)에게도 감사드린다.

나는 1988년 리폼드신학교(Reformed Theological Seminary)에서 제임스 패커(J.I. Packer) 교수에게 영국 청교도에 관한 강의를 들었고 그때 사용했던 필기 노트를 지금도 소중히 간직하고 있다. 그 강의를 통해 패커 박사는 내 안에 오웬을 향한 사랑의 씨앗을 심어 주셨다. 특히, 그는 친절한 조언과 함께 본서 초고의 상당 부분을 정성스럽게 다듬어 주셨기에, 이 지면을 빌어 다시 한번 깊이 감사 드린다.

사랑하는 아내 폴라(Paula)는 내가 가장 좋아하는 독자이다.

끝으로 모든 것의 영광이신 나의 주 예수 그리스도, 귀하신 예수님께 감사드린다.

> 우리가 지금은 거울로 보는 것같이 희미하나(고전 13:12).

> 우리가 다 수건을 벗은 얼굴로 거울을 보는 것같이 주의 영광을 보매 그와 같은 형상으로 변화하여 영광에서 영광에 이르니 곧 주의 영으로 말미암음이니라(고후 3:18).

> 그러므로 우리의 믿음은 현재에는 부재하신 하나님을 바라보는 것이다. 어떻게 그럴 수 있는가? 그 이유는 하나님의 얼굴을 보지 않고 거울 속의 이미지에 만족하기 때문이다. 그러나 우리가 이 세상을 떠나서 하나님께로 갈 때에 우리는 우리 가까이 계시며 우리 눈앞에 바로 나타나 보이는 하나님을 바라보게 될 것이다(『칼빈 주석』, 고전 13:12).

> 주님, 당신은 충만하시고 나는 공허합니다.
> 그러나 제 마음이 말없이 드리는 그 침묵의 고백을 들으소서.
> 말로 다할 수 없는 당신의 사랑스러우심을 찬양하나이다.
>
> - 크리스티나 로제티(Christina Rossetti)

우리의 여정은 두 가지 뜻밖의 진리를 발견하는 데서 시작된다. 우리의 동행을 간절히 원하는 영화로우신 분이 계시며, 그분을 볼 때 우리는 그분과 같이 변화될 것이다.

역자 서문

노은성 박사
전주온누리교회 담임목사

　오래전 남침례신학교에서 공부할 당시 도서관에서 존 오웬의 『그리스도의 영광』을 처음 접하게 되었습니다. 주변의 다른 책과 비교해서 눈에 띌 정도로 낡고 바랜 그 책에는 수많은 사람이 읽었음을 확신케 하는 밑줄과 메모로 가득했습니다.

　존 오웬의 명성을 익히 들었던 저는 호기롭게 첫 페이지를 폈다가 이내 책을 덮고 말았습니다. 영어인 것은 분명하지만 전혀 이해할 수 없는 영어로 기록된 『그리스도의 영광』은 미천한 저의 영어 실력으로는 도저히 이해할 수 없는 책이었기 때문입니다.

　그런 점에서 역자인 저는 저자에게 깊은 감사를 드립니다. 왜냐하면, 본서는 무려 300년이 넘는 시대적 문화적 간극을 고스란히 담고 있는 『그리스도의 영광』을 정말 이해하기 쉽게 풀어서 소개하는 책이기 때문입니다. 저자는 『그리스도의 영광』에서 존 오웬이 전한 그리스도인의 궁극의 복, 즉 예수 그리스도의 영광을 직접 보고 그 영광을 누리는 복을 자신의 경험과 현대적 언어로 녹여 내 독자들에게 전달하고 있습니다.

저자가 직접 밝힌 것처럼 본서는 예수 그리스도의 영광을 위한 책, 아니 예수 그리스도의 영광을 선포하기 위한 책입니다. 하나님이신 예수님이 비천한 인간의 몸으로 이 땅에 내려오신 성육신과 십자가 죽음, 부활과 승천 속에 담겨 있는, 감히 형용하기조차 어려운 그분의 사랑과 그 사랑의 의미를 다각도로 전달하고 있습니다.

본서의 목적은 여러분의 시선과 생각의 패러다임이 오직 그리스도를 향하도록 하는 것입니다. 독자 여러분은 본서를 통해 자신의 시선이 그리스도에게서 오는 모든 좋은 것에서 그리스도의 존재 자체로 향하게 되는 경험을 하게 될 것입니다.

독자 여러분은 본서를 통해 자신의 생각이 그리스도께서 베풀어 주신 은혜에 대한 감사에서 그리스도의 존재 자체에 대한 감사로 바뀌는 경험을 하게 될 것입니다. 이 변화가 바로 참된 그리스도인의 정체성입니다. 본서를 통해 참된 그리스도인의 정체성을 발견하셨다면 독자 여러분 역시 저와 마찬가지로 지나온 삶에 대한 회개와 함께 앞으로 살아갈 삶과 천국에서 누리게 될 영광에 대한 기대와 감사로 충만하게 될 것입니다.

끝으로 부족한 제가 이 귀한 책을 독자 여러분께 소개할 수 있도록 섭리 가운데 역사하신 하나님께 찬송과 영광을 돌려 드립니다. 아울러 바쁘신 가운데서도 기꺼이 추천사를 써 주신 합동신학대학원대학교의 안상혁 총장님, 총신대학교 신학대학원의 김대혁 교수님, 치유상담대학원대학교의 정푸름 교수님, 익산 청복교회의 조태성 목사님께 다시 한번 감사를 드립니다.

   끝으로 여러모로 부족한 역자에게 번역의 기회를 주신 기독교문서선교회(CLC)의 대표 박영호 목사님과 출판을 위해 수고하신 모든 분께 감사를 드립니다. 혹여 내용 중에 그 의미를 이해하기 어려운 문장이 있다면 이는 전적으로 제 부족함 때문임을 말씀드립니다.

전주온누리교회 목양실에서

우리의 여정은

두 가지 예상치 못한 진리를 발견함으로

시작된다.

우리의 동행을 바라시는 영광스러운 존재가 계시며,

그 영광스러운 존재를 봄으로

우리는 그분처럼 될 것이다

제1장
그분의 영광을 보기 위하여

> 많은 사람이 모나리자를 모방하지만
> 사람들은 여전히 원작을 보기 위해 줄을 선다
> - 루이 암스트롱 -

1. 멋진 녀석

렉스가 다른 학교의 풋볼 팀 선수였을 때, 그는 우리 학교 풋볼팀을 상대로 90야드의 킥 오프로 터치다운을 성공시켰다. 그러나 그가 우리 학교로 전학 온 3학년 초, 행운의 여신은 드디어 우리 학교에 미소를 보냈다.

렉스가 우리 학교로 전학을 오기도 전에 모든 남학생은 그의 날렵함을 알고 있었다. 그리고 그가 전학 온 뒤에는 모든 여학생이 그의 매력을 알게 되었다.

그러나 렉스는 단순히 날렵하고 매력적이기만 한 사람이 아니었다. 그는 따뜻하고 성실했으며 겸손하고 존경스러울 뿐만 아니라 친절하면서 자상하기까지 했다. 렉스는 이 모든 장점을 갖춘 사람이면 서도 누구나 쉽게 사귈 수 있는 사람이었다. 학생들뿐만 아니라 학부모들 역시 자기 자녀가 렉스의 친구가 되기를 원했다.

렉스는 평범한 십 대도 아니었고, 우리가 흔히 알고 있는 그런 슈퍼스타도 아니었다. 풋볼 시즌 처음 다섯 경기에서 렉스는 주를 대표하는 하프백이 될 운명임을 확실히 보여 주었다. 그러나 여섯 번째 경기에서 쇄골이 부러지는 부상을 당함으로 그의 시즌은 막을 내렸다.

그렇게 나는 그 멋진 녀석을 알게 되었다.

부러진 쇄골이 회복되는 동안, 렉스는 매일 방과 후에 체육관에 가서 농구 선수들의 연습을 보았다. 나 역시 매일 체육관 상부 데크에서 납으로 가득 찬 플라스틱 공을 던지는 연습을 했고,[1] 연습이 끝나면 코트로 내려가 렉스 주변의 관람석에 앉아 농구팀을 지켜보곤 했다.

겨우 2학년인데다가 전혀 사교적이지 않은 나는 올림푸스산에 사는 신과 같은 이 존재에게 말 한마디 걸 수 없었다. 그러나 다행스럽게도 렉스는 나에게 아무 말도 건네지 않을 정도로 지나치게 잘난 사람은 아니었다.

몇 주 후 렉스와 나는 친구가 되었다. 그는 나를 자기 집으로 초대했다. 청소년 시절 선택된 자에게만 주어지는 은혜라고 여겼던 바로 그 초대를 받았다. 그리고 마침내 나는 렉스에게서 앨버커키에서 열

---

[1] 나는 포환 던지기 훈련을 하고 있었다.

리는 두비 브라더스 콘서트에 함께 가자는 초대를 받는 최고의 영예를 누리게 되었다.

렉스와 나의 우정이 무르익으면서 나에게도 뭔가 변화가 일어나고 있음을 깨달았다. 우선 내 미소가 바뀌었다. (내가 볼 때) 렉스의 미소가 한쪽으로 살짝 기울어지는 것처럼 내 미소 역시 한쪽으로 약간 기울어지기 시작했다. 나는 렉스의 말투를 따라하기 시작했다. 앉은 자세도 바뀌었다. 마치 렉스의 대역 배우가 되기 위해 오디션을 보는 것 같았다.

나는 데이나 카비(Dana Carvey, 역자주: 에미상을 수상한 미국의 희극인이자 배우로 뛰어난 성대모사 실력으로 많은 이에게 즐거움을 주고 있다)는 아니었지만, 전혀 힘들이지 않고 렉스의 인상을 가지게 되었다. 독자들은 내가 렉스의 이미지로 만들어지고 있다고 말할 수 있을 것이다.

2. 모방

당신이 누군가를 존경할 때, 특히 애정을 가지고 있을 때 그 사람을 향한 당신의 마음은 **따뜻하고 심지어 부드럽기까지** 하다. 따뜻하고 부드러운 마음은 따뜻하고 부드러운 밀랍과 같다. 마치 봉인이 밀랍으로 눌러지듯이, 누르고 있는 무언가의 각인이나 이미지를 찍을 준비가 되어 있다.

정말 멋진 사람과 친구가 되면 그 친구의 표정, 억양, 손짓을 따라하기 시작한다는 사실을 당신도 알고 있을 것이다. 심지어 그 친구처럼 걷거나 웃게 될지도 모른다.

　이런 일이 발생하는 이유는 하나님께서 선악을 불문하고 우리가 사랑하는 사람과 사물처럼 되도록 우리를 설계하셨기 때문이다. 우리 모두는 타고난 모방자이다. 어릴 때부터 부모님, 친구, 연예인 등 항상 우리가 소중히 여기는 것들에 의해 만들어진다.

　시편 115편에서 시편 기자는 나무와 돌로 된 단순한 우상 이상의 것을 말하고 있다.

> 그들의 우상들은 은과 금이요 사람이 손으로 만든 것이라
> 입이 있어도 말하지 못하며 눈이 있어도 보지 못하며
> 귀가 있어도 듣지 못하며 코가 있어도 냄새 맡지 못하며
> 손이 있어도 만지지 못하며 발이 있어도 걷지 못하며
> 목구멍이 있어도 작은 소리조차 내지 못하느니라
> 우상들을 만드는 자들과 그것을 의지하는 자들이 다 그와 같으리로다
>
> (시 115:4-8).

　간단히 말하면 당신은 당신이 숭배하는 그것이 된다.
　그러니까 내가 점점 렉스를 닮아 가는 것은 당연한 일이었다.

3. 궁극의 모방

결국, 성경은 그리스도에 속한 우리는 그리스도처럼 될 것이라고 말한다.

> 사랑하는 자들아 우리가 지금은 하나님의 자녀라 장래에 어떻게 될지는 아직 나타나지 아니하였으나 그가 나타나시면 우리가 그와 같을 줄을 아는 것은 그의 참 모습 그대로 볼 것이기 때문이니(요일 3:2).

좌절과 나약함 속에서 살아온 우리도 언젠가는 주 예수님처럼 될 것이다. 이는 하나님의 사랑의 은혜의 기적이다. 태초에 하나님은 우리를 하나님의 형상대로 만드셨고, 우리가 가진 하나님의 형상은 죄로 말미암아 알아볼 수 없을 정도로 훼손되었다.

그러나 긍휼이 풍성하신 하나님은 그리스도를 통해 우리의 실패를 되돌리시고, 아들 예수 그리스도의 형상으로 우리를 재창조하신다.

생각해 보라.

우리는 그리스도와 함께 있을 것이다.

우리는 그리스도처럼 될 것이다.

> 함께하고 싶은 더 멋진 사람이 있는가?
> 당신이 되고 싶은 싶은 사람이 있는가?
> 당신이 꿈꿀 수 있는 더 좋은 것이 있는가?

그러나 당신은 우리가 어떻게 그리스도처럼 될 수 있는지 알고 있었는가?
요한일서 3장 2절 하반절을 다시 읽어 보라.

> … 우리가 그와 같을 줄을 아는 것은 그의 참모습 그대로 볼 것이기 때문이니 (요일 3:2).

그날 하나님은 우리 눈을 가리고 있던 연약함과 죄를 제거하여 그리스도의 모든 아름다움과 위엄을 볼 수 있도록 하실 것이다.[2] 우리는 그리스도를 분명히 볼 수 있기 때문에, 그분을 완전히 사랑할 것이다. 왜냐하면, 그리스도께는 사랑스럽지 않은 것이 하나도 없기 때문이다.

재창조된 우리의 능력의 한계까지[3] 우리는 그리스도의 고귀하심, 탁월하심, 거룩하심, 의로우심, 친절하심, 자비하심, 선하심 등 우리가 그분을 귀하게 여기도록 만들 수 있는 모든 아름다움의 충만함을 보게 될 것이다. 그리고 우리 안에 있는 근본 원리, 즉 우리는 우리가 존경하는 것을 모방하고, 우리가 숭배하는 것이 된다는 원리가 성취될 것이다. 온 마음을 다해 주님을 경외하고, 우리를 방해하는 것이 아무것도 없다면, 우리는 주님과 같이 될 것이다.

---

2 [사 33:17] 참조.
3 천국에서도 우리는 여전히 피조물이기 때문에 여전히 한계를 가지게 된다. 그러나 지금보다는 훨씬 덜 제한적이다. 예를 들어, 우리는 죄나 육신의 제약을 받지 않는다.

4. 죽음을 앞둔 주님의 갈망

몇 시간 후면 당신은 고통 속에서 죽게 될 것이다. 더 최악인 것은 당신은 이미 그 사실을 알고 있고, 하늘과 땅의 어떤 통치자도 당신의 처형을 막지 못한다는 사실 또한 알고 있다.

당신의 친구들은 식사를 위해 당신 주위에 모여 있다. 당신은 이 식사가 그들과 헤어지기 전에 함께하는 마지막 시간이 될 것임을 알고 있다. 더군다나 마지막 순간이 오면 그들 모두가 꽁무니를 빼고 탈영병처럼 달아날 것을 당신은 알고 있다.

이것이 바로 그리스도께서 직면하신 일이다. 물론, 우리 중 누구도 그리스도를 대신할 수 없다. 그러나 만약 내가 그리스도의 입장이었다면, 나는 깊은 자기 연민에 빠졌을 것이다. 조만간 나를 배신하고 부인하고 버릴 제자들의 눈을 바라보며 나를 휩쓸고 지나갔을 원망의 물결을 참을 수 없었을 것이다.

그러나 그 식탁에서 제자들에게 하신 우리 주님의 말씀을 들어 보라.

> 너희는 마음에 근심하지 말라 하나님을 믿으니 또 나를 믿으라 내 아버지 집에 거할 곳이 많도다 그렇지 않으면 너희에게 일렀으리라 내가 너희를 위하여 거처를 예비하러 가노니 가서 너희를 위하여 거처를 예비하면 내가 다시 와서 너희를 내게로 영접하여 나 있는 곳에 너희도 있게 하리라 (요 14:1-3).

주님의 말씀에는 그 어떤 비난이나 원망, 자기 연민이나 자아도취도 없다. 오직 제자들에 대한 걱정과 그들과 함께 있고 싶은 단호한 갈망만이 있을 뿐이다. 아무리 신자라 하더라도 요한복음 14장 3절 말씀은 정말 믿기 힘들다.

이 말씀은 원하는 것은 무엇이든 소유할 수 있고 비길 데 없는 우주의 왕이신 영광의 주님이 하신 말씀이다. 주님은 친구들이 와서 주님과 함께 지낼 수 있도록 자신의 궁전에 있는 몇 개의 방을 수리하기 위해 집에 가는 것에 관해 이야기하신다.

예수님은 수많은 방법으로 자기 백성들에게 사랑을 보여 주셨지만, 이 애정과 기쁨의 표현만큼 인간적인 것은 없는 것 같다. 그 사랑을 생각하면 눈물이 난다.

제자들과 영원히 함께하기를 원하시는 예수님은 대제사장이 성전에서 분향하는 것처럼 아버지께 자신의 향기로운 갈망을 바치신다. 예수님은 사랑으로 아버지께 다음과 같은 놀라운 부탁을 하신다.

> 아버지여 내게 주신 자도 나 있는) 곳에 나와 함께 있어 아버지께서 창세전부터 나를 사랑하시므로 내게 주신 나의 영광을 그들로 보게 하시기를 원하옵나이다 (요 17:24).

예수님에 대해 아무것도 모르는 사람이 이 구절을 읽으면 예수님은 끔찍할 정도로 오만한 자아도취자라고 생각할 수도 있다. 그러나 예수님을 아는 사람은 그 요구에 기뻐한다. 예수님을 아는 사람들은 예수님과 함께하며 그분의 영광을 보는 것이 그들에게 진정한 만족과 평화를 가져다준다는 것을 알고 있다.

예수님 없이는 그 어떤 영혼도 진정으로 영원토록 쉴 수 없다. 마치 나침반의 바늘이 정북을 가리킬 때까지 계속 움직이는 것처럼 그리스도의 사랑을 맛본 신자의 마음은 그리스도의 품에 안기기 전까지는 쉴 수가 없다.

> 당신께서는 우리를 당신을 향해 있도록 창조하셨기에 우리의 마음은 당신 안에서 안식할 때까지 쉴 수 없습니다.[4]

내가 리틀 렉스로 변해 가고 있다는 사실을 발견했을 때 그에 대한 나의 애정보다 더 큰 무언가가 나의 변화를 가속시켰다. 내가 존경하는 사람이 나의 애정에 보답한 것이다. 나는 전자석에 붙은 10페니짜리 못처럼 렉스에게 끌렸다. 왜냐하면, 렉스가 나에게 말을 걸었고, 자기 집으로 나를 초대한 뒤 두비 브라더스 콘서트에 초대한 뒤 두비 브라더스 콘서트에 함께 가자고 했기 때문이다.

나에 대한 그의 애정이 그를 향한 나의 애정과 만났을 때 나는 그를 닮고 싶은 충동을 억제할 수 없었다. 마찬가지로 우리를 향한 그리스도의 사랑은 우리를 놀라게 하고 우리의 마음이 그리스도를 닮게 한다.

---

[4] Augustine, *Confessions* 1.1.

5. 영광을 보는 두 가지 방법

예수님은 우리가 아버지의 영광을 볼 수 있도록 아버지께 요청하신다. 이 요청은 예수님의 사랑에서 나온 것이다. 왜냐하면, 예수님은 자신을 보는 것이 장차 다가올 세상뿐만 아니라 지금 이 세상에서 우리의 가장 큰 기쁨이자 선물임을 아시기 때문이다.

우리가 예수님을 볼 때, 우리는 아버지를 보게 된다(요 14:9). 우리는 그리스도의 얼굴에서 "하나님의 영광을 아는 빛"(고후 4:6)을 본다. 그리스도를 생각할 때, 우리는 그리스도의 형상으로 변한다.

> 우리가 다 수건을 벗은 얼굴로 거울을[5] 보는 것같이 주의 영광을 보매 그와 같은 형상으로 변화하여 영광에서 영광에 이르니 곧 주의 영으로 말미암음이니라 (고후 3:18).

성경은 그리스도의 영광을 보는 두 가지 방식 또는 단계(degree)를 구별한다. 바울은 이 구별을 고린도후서 5장 7절, "우리가 믿음으로 행하고 보는 것으로 행하지 아니함이로라"라는 말씀으로 보여 준다. 바울은 "몸으로 있을 때"와, 즉 "주와 따로 있는"(고후 5:6) 우리의 삶과 장차 올 세상에서의 삶과 대조하고 있다. 두 삶 모두에서 우리의

---

[5] NIV 성경은 이 구절에서 우리가 주님의 영광을 묵상하기보다는 주님의 영광을 나타낸다고 말한다. 비록 내가 헬라어 전문가는 아니지만, 나는 그런 해석이 잘못되었다고 생각한다. 이 구절에 대한 NIV 각주와 더불어 다른 모든 번역본을 참조하라.

기쁨은 그리스도의 아름다움을 생각하는 것이다.

이 세상에서 우리는 오직 믿음으로만 그리스도를 보기 때문에 "거울로 보는 것같이" 본다. 그러나 장차 올 세상에서 우리는 "얼굴을 대하여"(고전 13:12) 그리스도를 보게 될 것이다.

요한복음 17장에 나오는 예수님의 기도에서 예수님의 궁극적인 갈망은 예수님의 백성이 예수님과 함께하면서 예수님의 영광을 보는 것이다. 예수님은 자기 백성들이 예수님의 영광을 하늘에서 온전히 보기를 기도하시지만, 우리가 지금 이 세상에서 믿음으로 볼 수 있는 주님의 영광을 무시하지 않으신다.

이 세상에서 믿음으로 그리스도의 경이로움과 위엄을 보는 것은 우리의 관심사가 되어야 한다. 왜냐하면, 오직 믿음으로 그리스도를 바라보는 사람들만이 장차 올 세상에서 주님의 영광을 볼 수 있기 때문이다.

내가 이 글을 쓰고 있는 지금은 8월인데, 다섯 살짜리 내 아들 크리스티앙의 간절한 소원은 학교에 가는 것이다. 크리스티앙은 버스를 타고 다른 아이들과 함께 큰 건물에 들어가고 싶어 한다. 내 아들은 그 일이 정말 멋질 것이라고 믿고 있다. 그러나 크리스티앙은 환상에 푹 빠져 있을 뿐, 학교에 가는 것이 어떤 의미인지 전혀 모른다.

많은 사람이 예수님과 같은 식으로 행동한다. 그들은 예수님을 사랑하고 예수님과 함께 있기를 갈망한다고 주장한다. 그러나 그들은 그리스도에 대해서 아는 것이 전혀 없다. 물론, 그들은 죽어서 그리스도와 함께 있는 것이 지옥에 가는 것보다 낫다는 것을 알고 있다. 그러나 말로는 그리스도를 갈망한다고 하면서도 이 세상에서 믿음으로 그리스도의 아름다움을 바라보지 않는 사람들은 그저 자신을 속이고 있을 뿐이다.

6. 믿음의 눈이 볼 수 있는 영광

예수님이 이 땅에서 제자들과 함께 사역하셨을 때 제자들은 "아버지의 독생자의 영광이요 은혜와 진리가 충만한 그의 영광"(요 1:14)을 보았다.

그러면 제자들은 과연 예수님의 어떤 영광을 보았고, 어떻게 그 영광을 보게 됐을까?

예수님은 "자기를 비워 종의 형체를 가지셨기"(빌 2:7) 때문에 예수님의 영광은 지상 왕국의 화려함이 아니었다. 사실 제자들은 예수님을 팔레스타인 정계의 실력자가 아닌 노예로 착각했을 가능성이 더 높다. 예수님은 궁전은 고사하고 머리 둘 곳조차 없으셨다.[6]

우리가 지금까지 보아 온 영화나 그림과는 달리 제자들이 본 예수님의 영광은 잘생긴 얼굴에서 나타난 것이 아니었다. 성경에 따르면 구세주는 자신의 잘생긴 외모로 사람을 구원하지 않으셨다.

> 전에는 그의 모양이 타인보다 상하였고
> 그의 모습이 사람들보다 상하였으므로 많은 사람이 그에 대하여 놀랐거니와

---

6 [마 8:20].

> 그는 주 앞에서 자라나기를 연한 순 같고 마른 땅에서 나온 뿌리 같아서 고운 모양도 없고 풍채도 없은즉 우리가 보기에 흠모할 만한 아름다운 것이 없도다 그는 멸시를 받아 사람들에게 버림 받았으며 간고를 많이 겪었으며 질고를 아는 자라 마치 사람들이 그에게서 얼굴을 가리는 것같이 멸시를 당하였고 우리도 그를 귀히 여기지 아니하였도다(사 52:14; 53:2-3).

제자들은 예수님이 가지신 신성의 영원한 영광을 볼 수 없었다. 왜냐하면, 이 세상에서는 그 누구도 그 영광을 볼 수 없기 때문이다.

그렇다면 제자들은 어떻게 그리스도의 영광을 보았을까?

그들은 예수님이 은혜와 진리로 충만하신 것을 보았다(요 1:14). 즉, 제자들은 예수님을 하나님의 은혜와 진리를 그분의 백성에게 전하기 위해 오실 약속된 분(the Promised One)으로 보았다.

그리고 그들은 오직 믿음만으로 이것을 보았다. 왜냐하면, 이 영광을 본 사람은 오직 "그를 영접하고" "그의 이름을 믿는 자"(요 1:12)뿐이었기 때문이다. 그들은 "세상 죄를 지고 가는 하나님의 어린양"(요 1:29)의 영광을 보았다. 이 영광은 오늘날 우리가 믿음으로 볼 수 있는 것과 같은 영광이다.

우리가 믿음으로 그리스도를 바라보고 말씀에 계시된 대로 그리스도를 볼 때, 우리는 그리스도를 더 사랑할 수밖에 없다. 그분을 볼 때마다 우리는 사랑과 기쁨의 매력에 더 깊이 빠져들게 된다. 존 오웬이 말했듯이 말이다.

생각과 정서로 그리스도의 영광을 부지런히 묵상하는 삶을 살면 이 세상의 모든 아름다움은 그분의 영광에 비하면 아무것도 아니라고 생각하게 된다. 그렇게 해야만 이 세상에 속한 모든 것을 십자가에 못 박고, 급기야 그런 것들이 내 속에서 죽고 형편없는 것들이 되어 어떤 방식으로든 애착을 느끼지 못하게 되는 정도에 이르게 된다.[7]

7. 우리 앞에 있는 보물

그리스도께서 기도하시는 것은 무엇이든 좋은 것이다. 그리스도께서 우리가 그리스도의 영광을 볼 수 있도록 기도하실 때 우리는 우리를 위한 뭔가 특별한 일이 준비되어 있음을 안다. 우리가 믿음으로 그 아름다움을 묵상하기 시작할 때 우리 앞에 놓인 보물 중 빙산의 일각을 발견하게 될 것이다.

1) 그리스도를 바라보는 것은 우리 영혼에 안식과 만족과 평안을 준다

우리 마음은 셀 수 없이 복잡한 생각으로 가득 차 있는 경향이 있다. 두려움, 근심, 위험, 괴로움, 열정, 정욕은 우리를 무질서, 어둠,

---

[7] John Owen, *The Glory of Christ*, in volume 6 of his Works, ed. William Goold (Edinburgh: Johnstone and Hunter, 1850-53); 역자주: *The Glory of Christ*는 잉글랜드 P&R 시리즈 제1권으로 이미 번역 출간되어 있다.

혼란에 빠뜨린다. 그러나 우리가 최선을 다해 주님께 우리의 생각을 고정할 때[8] 우리의 마음은 거룩하고 평화로우며 영적으로 유지된다. 왜냐하면, "영의 생각은 생명과 평안"(롬 8:6)이기 때문이다.

그리스도를 묵상하면 아래에 있는 것들, 즉 우리가 그리스도 안에서 보는 것의 엄청난 가치, 아름다움, 영광과 비교할 가치가 없는 하찮은 것들에게서 우리의 마음이 멀어지도록 한다(빌 3:7-11과 비교하라). 우리가 그리스도에게서 눈을 돌리면 우리는 천국의 삶에 익숙하지 않은 사람이 되고, 하나님께서 복음 안에서 주시는 영적 회복과 만족 없이 살게 된다.

2) 그리스도를 경배하는 것은 천국을 향한 우리의 열망을 자극한다

우리는 천국에서 영원토록 기쁨으로 충만할 것임을 알고 있다.
그러나 그 기쁨의 근원은 무엇일까?
우리 주 예수님의 영광을 보는 것 말고는 아무것도 없다. 성경은 이것을 우리의 약속된 보물로 반복해서 우리 앞에 제시한다.

> … 우리가 항상 주와 함께 있으리라 그러므로 이러한 말로 서로 위로하라
> (살전 4:17-18).

---

[8] [골 3:1-17; 특히 1,15; 히 12:2-3] 참조.

> 차라리 세상을 떠나서 그리스도와 함께 있는 것이 훨씬 더 좋은 일이라…
> (빌 1:23).

그리스도와 함께 있는 것이 훨씬 더 좋은 것은 우리가 그분의 영광을 보게 될 것이기 때문이며(요 17:24), 그리스도를 있는 그대로 볼 때 "우리도 그와 같을 것"(요일 3:2)이기 때문이다. 이것이 우리의 구원의 목표이자 영원한 기쁨이다.

천국에서 하나님을 보는 것을 지복직관(the beatific vision)이라고 하며, 이는 천국에 있는 영혼들의 영원한 생명의 원천이다. 그러나 광대하고 무한하신 하나님의 본질은 육신의 눈에는 보이지 않는다. 사실 우리는 유한한 피조물이고 앞으로도 그럴 것이기 때문에 결코 하나님의 본질을 볼 수 없다.

그러므로 우리가 보게 될 하나님은 항상 "그리스도의 얼굴"(고후 4:6)에 계신다. 우리는 오직 그리스도 안에서만 하나님의 무한한 완전하심 속에서 하나님의 영광을 보게 될 것이며, 이 직관은 우리를 평화와 안식과 기쁨으로 채울 것이다.

지금 이 시점에서 우리는 이런 내용에 대해 감탄할 수는 있지만 완전히 이해할 수는 없다. 우리가 그리스도 안에서 하나님의 완전하심을 본다고 말할 때, 우리는 마치 생각이라는 히말라야산맥의 칼날 같은 능선을 아슬아슬하게 걷고 있는 것이다. 우리는 그 칼날 능선을 걷는 것처럼 신중하게 단어를 선택해야 넘어지지 않는다.

그런데도 신자들은 그리스도 안에서 하나님의 궁극적인 모습을 미리 보고 느낄 수 있다. 우리는 때때로 말씀과 성령에 의해 그리스도에게서 빛나고 있는 하나님의 변함없는 영광에 대한 감각, 즉 말할 수 없는 기쁨으로 우리 영혼을 감동시키고 충만케 하는 감각을 마음속에 간직한다. 여기에서 "모든 지각에 뛰어난 하나님의 평강"(빌 4:7)이 나온다.

우리의 "영광의 소망"(골 1:27)이신 그리스도는 우리에게 천국의 첫 열매를 맛보게 하신다. 때때로 주님은 그분의 빛의 샘에서 우리의 영혼을 씻게 하시고 그분의 오른쪽에 있는 기쁨의 강물을 마시게 하신다(시 16:11).[9]

이런 천국의 기쁨은 이 땅에서는 드물고 잠시뿐이다. 그러나 우리가 이 은혜를 더 많이 누리지 못하는 것은 우리 자신의 게으름과 어두움 때문이다. 나의 바람은 이어지는 장들을 통해 그리스도께서 자신의 아름다움으로 우리를 매료시키시고, 우리는 그리스도께 항복하여 가능한 한 자주 그리스도를 풍성히 누리게 되는 것이다.

---

[9] 이 평화에 대해 아무것도 모르고 있다면 자신이 그리스도에 대해 눈먼 것은 아닌지 진지하게 자문해야 한다. 만약 그렇다면 믿음으로 그분께 나아오라. 그러면 그분은 지금도 자신을 당신에게 주실 것이다.

3) 그리스도를 찬양하는 것은 우리를 그리스도처럼 되게 한다[10]

내가 렉스의 매력에 푹 빠진 나머지 나도 모르게 그를 닮아 갔다면, 믿음으로 그리스도의 놀라운 영광을 바라볼 때 어떻게 그분의 모습으로 변화되지 않을 수 있을까?(고후 3:18)

우리가 하나님의 은혜에 감동하여 진정으로 하나님을 알게 된다면 사랑하는 주님의 모습이라는 변화시키는 능력을 피할 수 없다. 그러나 믿음으로 주님을 바라보는 우리의 시선은 종종 희미하고, 천국에서처럼 분명하게 보이지 않는다.

그리스도의 경이로움이 우리 앞에 놓여 있다. 비록 우리가 그리스도를 아주 희미하게 본다 하더라도(고전 13:12), 우리가 그리스도에 대해 보고 아는 것은 우리의 영혼을 평온하게 하고, 그분을 향한 갈망을 불러일으키며, 우리를 분명히 그분과 같이 만들어 줄 것이다. 우리가 얻을 것은 너무도 많다. 믿음의 눈으로 거울을 보듯 그리스도의 영광을 바라보며 계속 묵상하도록 하자.

---

[10] 우리는 이것을 '묵상을 통한 성화'라고 부를 수 있다.

[반성과 토론을 위하여]

1. 그리스도는 교회의 신랑이시며 교회는 그리스도의 아름다운 신부이다. 그리스도의 신부로서 아가서 5장 9절, "여자들 가운데에 어여쁜 자야 너의 사랑하는 자가 남의 사랑하는 자보다 나은 것이 무엇인가"에서 사랑하는 사람의 질문에 답해 보라.
당신이 그리스도를 사랑하는 이유는 무엇인가?
가능한 한 구체적으로 답해 보라.

2. 당신은 그리스도 안에서 씻음을 받고 어떤 점에서는 믿음으로 그리스도를 바라보면서 천국을 미리 맛보았다고 느낀 적이 있는가?
만약 그렇다면, 당신을 사로잡은 그리스도에 대해 설명해 보라.

3. 이 여정을 시작하면서 기대하는 것은 무엇인가?
하나님께서 당신 안에, 당신에게, 또는 당신을 위해 행하시기를 바라는 일을 적어도 세 가지 이상 적어 보라.
이제 그리스도의 영광을 위해 하나님께 그 바람을 요청하라.

내가 있는 곳에 너희도 있으리라

크리스티나 로제티

어찌하여 나는 한 번도 본 적이 없는 그 땅이,
아름답게 펼쳐져 있음을 믿을 수 있을까요?
나팔꽃과 삼색 제비꽃, 그리고 본 적 없는 푸르름,
향기로운 공기 속에는 더위도 추위도 없으니…
전부는 아니지만 그중 일부를 알고 있어요.
그러나 내가 분명히 알고 있는 한 가지는
그리스도께서 그곳에 계시다는 것이에요.

어찌하여 나는 천국에 거하는 이들에게
복된 일이 일어난다고 믿을 수 있을까요?
지친 마음은 회복되고, 희미해진 눈은 다시 빛나며,
모든 영혼이 노래하고, 보고, 기뻐하는 곳 …
아니, 내가 이것보다 더 확실하게 알고 있는 것은
그리스도께서 그곳에 계시다는 것이에요.

보지는 못했으나 사랑하고 더욱 사랑하기를 원하는 주 그리스도,

나를 바라보실 때 볼품없을지라도, 여전히 주님의 비둘기로 여기시는 주님,

주님의 손으로 아름답게 빚은 천국으로 나를 데려가 주세요.

내가 무엇을 알든, 확실히 아는 한 가지는,

주님께서 그곳에 계시다는 것이에요.

제2-10장은 우리의 여정에서

숨막힐 듯 길게 뻗어 있는 멋진 자연 경관과 같다.

각 장은 우리가 멈춰 서서

그리스도의 또 다른 아름다운 면을 바라볼 수 있는

풍경 좋은 전망대이다.

제2장
하나님의 유일한 얼굴

> 내 마음을 이토록 기쁘게 한
> 얼굴은 없었다.
> - 작자 미상 -

1. 에메스에 관한 진실

C.S. 루이스에 대한 비난으로 이번 장을 시작하는 것만큼 오만하고 어리석은 일은 없을 것이다. 나는 그의 작품들을 통해 영혼의 풍요로움과 황홀함을 경험했다. 그러나 그의 작품 『나니아 연대기』(*Chronicles of Narnia*)에는 내가 동의할 수 없는 구절이 하나 있다.

그 구절은 나니아 역사의 끝을 담은 마지막 책에서 에메스(Emeth, 그 이름은 히브리어로 진리를 뜻하는 단어에서 파생된 것으로 보인다)가 그의 창조주를 만나는 장면에서 등장한다. 그 창조주는 『나니아 연대기』에서 그리스도의 모형인 위대한 사자 아슬란(Aslan)이다.

꽃이 흐드러지게 피어 있는 넓은 들판을 지나 갖가지 향기로운 나무들 사이에 섰을 때 두 바위 사이에 난 좁은 공간에서 거대한 사자와 마주쳤다.

사자가 걷는 속도는 타조와 같았고, 몸집은 코끼리만했으며, 털은 황금빛이었고, 눈동자는 용광로에서 녹아 내리는 순금처럼 맑고 밝게 빛났다. 사자는 불을 내뿜는 라고르 산보다 더 무시무시했다. 그리고 활짝 핀 장미가 사막의 먼지에 비할 수 없듯이, 이 세계의 그 어떤 것보다 훨씬 뛰어나게 아름다웠다.

자는 사자의 발치에 엎드려 이제 나는 죽었구나 하고 생각했다. (모든 존경을 받고도 남을) 그 사자는 내가 자기가 아닌 타슈만을 평생토록 섬겨 왔다는 것을 알고 있을 테니까. 그러나 천하의 티스로크 황제가 되어 사자를 보지 못한 채 사느니, 사자를 보고 당장 죽는 편이 나을 것 같았다.

그런데 그 영광스러운 분은 황금빛 머리를 숙여 내 이마를 혀로 핥고 나서, "아들아, 환영한다"라고 말했다. 그래서 나는 슬프게도 나는 당신의 아들이 아니라 타슈의 종이라고 말했다. 그러나 그분은 말했다. "아들아, 네가 타슈에게 다했던 정성은 나에게 한 것과 다름없다."

나는 궁금증을 못 이겨 두려움도 잊은 채 그 영광스러운 분께 물었다. "사자시여, 그럼 타슈와 당신이 같은 분이라는 원숭이의 말이 사실인가요?"

그러자 그분은 땅이 흔들릴 정도로 포효하며 (그런데 그 분노는 나에 대한 것이 아니었다) 그것은 거짓이라고 했다. 그리고 이렇게 덧붙였다.

"타슈와 나는 하나가 아니라 적이기 때문에 타슈에게 다한 네 정성이 사실은 나에 대한 정성이 되는 것이다. 그 말은 곧, 타슈와 나는 아주 다른 존재이며, 사악한 정성이 타슈를 섬기는 방법이듯, 선한 정성은 나를 섬기는 방법이라는 뜻이다.

그런 까닭에 누군가가 타슈의 이름에 대고 맹세한 뒤 그것을 지킨다면, 진정으로 한 맹세는 나한테 하는 것이 된다. 비록 타슈가 그 사실을 모르더라도 그 맹세에 보답하는 이는 바로 나다.

어떤 이가 잔인한 짓을 저지른다면, 설사 그 사람이 아슬란을 믿는 자라 할지라도 그 사람은 타슈를 섬기는 것이 되며, 그 사람의 행위를 인정해 주는 이 역시 바로 타슈인 것이다.

아들아, 무슨 뜻인지 알겠느냐?"

나는 이렇게 대답했다.

"왕이시여, 내가 얼마나 잘 이해했는지 아실 것입니다. 그렇지만 저는 평생토록 타슈만을 바라고 찾았습니다"(저는 진실을 고백할 수밖에 없었습니다).

그런데 그 영광스러운 분께서 말씀하셨다.

"사랑하는 아들아. 네 소망이 나를 거스르는 것이었다면 그렇게 오랫동안, 그토록 진실되게 찾지 않았을 것이다. 진정으로 추구하는 것은 다 찾게 마련이기 때문이다."[11]

루이스는 다음과 같은 난처한 질문에 대한 답을 제시하고 있다.

---

[11] C. S. Lewis, *The Last Battle* (New York: Macmillan, 1956), 155-57.

'예수님의 이름을 전혀 알지 못한 채 살다가 죽은 사람들에게는 어떤 일이 일어나는가?'

내가 루이스의 생각을 제대로 이해했다면 루이스가 제안하는 바는 어떤 사람들은 자신도 모르게 거짓 신의 이름으로 그리스도를 섬겼을 수 있으며, 그들의 섬김은 실제로는 그리스도께 한 것이었기 때문에 그들은 그리스도의 영원한 왕국으로 받아들여진다는 것이다.

나는 신학자처럼 날카롭게 루이스를 비평할 만한 역량은 없다. 나는 에메스의 이야기가 어떤 성경 말씀이나 논리에 근거한 것인지 잘 모르겠고, 그렇다고 이단적 주제를 파헤치고 싶지도 않다.

복음을 한 번도 들어보지 못한 영혼들의 운명은 여전히 어려운 문제라는 것은 인정하지만, 나는 그리스도 자신과 그분의 영광을 보는 것을 사소한 일처럼 여겨지게 만드는 어떤 답변도 받아들일 수 없다. 예수님과 제자들은 오직 그리스도를 통해서만 하나님을 알 수 있다는 사실을 우리가 확실히 알도록 하기 위해 최선을 다한다.

> 내가 진실로 진실로 너희에게 이르노니 문을 통하여 양의 우리에 들어가지 아니하고 다른 데로 넘어가는 자는 절도며 강도요 … 내가 문이니 누구든지 나로 말미암아 들어가면 구원을 받고 또는 들어가며 나오며 꼴을 얻으리라(요 10:1, 9).

> 예수께서 이르시되 내가 곧 길이요 진리요 생명이니 나로 말미암지 않고는 아버지께로 올 자가 없느니라(요 14:6).

> 예수께서 이르시되 빌립아 내가 이렇게 오래 너희와 함께 있으되 네가 나를 알지 못하느냐 나를 본 자는 아버지를 보았거늘 어찌하여 아버지를 보이라 하느냐 (요 14:9).

> 어두운 데에 빛이 비치라 말씀하셨던 그 하나님께서 예수 그리스도의 얼굴에 있는 하나님의 영광을 아는 빛을 우리 마음에 비추셨느니라(고후 4:6).

이것이 우리가 그리스도의 영광을 아는 첫 번째 방법이다. 오직 그리스도만이 우리에게 하나님을 보여 주실 수 있다. 교회는 그리스도의 얼굴에서 아버지의 신성한 위격이신 하나님의 본성을 볼 수 있다. 그리스도 없이 우리는 하나님에 대해 아무것도 알 수 없다.

우리는 오직 그리스도 안에서만 하나님의 거룩한 존재(그분이 누구신지에 대한 두려움과 아름다움)와 하나님의 측량할 수 없는 마음(그분의 측량할 수 없는 지혜)을 안다.

그리스도와는 별개로 우리가 가질 수 있는 하나님에 대한 모호하고 불완전한 생각들이 있을 수 있지만, 우리의 생각을 밝히고 우리의 마음을 정결하게 하는 "하나님의 영광을 아는 빛"을 가질 수는 없다. 하나님을 알기 위해 우리는 "하나님의 형상이신 그리스도"(고후 4:4)를 보아야 하는데 이는 "아들은 하나님의 영광의 광채요 그 본체의 형상"이며 "보이지 않는 하나님의 형상"(골 1:15)이기 때문이다.

그리스도의 영광은 우리에게 하나님의 본성과 뜻을 가장 잘 나타낸다. 그리스도가 오시지 않았다면 우리는 영원토록 하나님을 볼 수 없었을 것이다.

> 본래 하나님을 본 사람이 없으되 아버지 품 속에 있는 독생하신 하나님이 나타내셨느니라(요 1:18).

그리스도는 하나님이시기 때문에 아들은 항상 아버지 하나님의 형상이셨다. 그리스도는 한 신적 본질 안에서 아버지 안에 계시고 아버지는 그리스도 안에 계신다(요 14:10).

그리스도께서 사람이 되셨을 때 그분은 교회를 향한 하나님의 얼굴이 되셨다(고후 4:6). 즉, "보이는 하나님"이 되셨다. 이것이 바로 하나님께서 그리스도에게 주신 그리스도의 본래적 영광(요 17:1-7)이며 우리는 믿음으로 그 영광을 느끼고 볼 수 있다. 그리고 이것이 내가 에메스 이야기를 읽으면서 불편했던 이유이다.

만약 에메스가 타쉬(Tash)를 통해 아슬란에게 나아갈 수 있다고 한다면, 누군가는 단순한 우상을 통해 그리스도께 나아갈 수 있다는 말이 된다. 우리가 거짓 종교를 통해 하나님을 쉽게 알 수 있다고 한다면 그리 스도의 영광은 황금 송아지보다 못한 것이 되고 만다.

2. 그리스도께서 오시기 전에는 하나님을 어떻게 알았을까?

성육신 이전에 하나님의 백성은 말씀의 계시와 예배 의식을 통해 하나님을 알았다. 이것은 이스라엘의 영광이자 특권이었다(시 147:19-20). 교회는 하나님을 알고 있었지만, 하나님을 "흑암" 속에 계시는 하나님으로 알고 있었다.[12]

하나님은 이스라엘 백성에게 훗날 그리스도 안에서 발견하게 될 영광에 대해 가르치시기 위해 어둠 속에서 자신을 나타내셨다. 지금 우리는 그리스도의 얼굴에서 "하나님은 빛이시라 그에게는 어둠이 조금도 없으시다"(요일 1:5)라고 말씀하시는 하나님을 볼 수 있다.

성육신 이전 교회에서 하나님을 아는 지식은 희미할 뿐이었다. 그러나 하나님의 아들이 육신으로 나타나셨을 때 하나님의 모든 신비, 즉 하나님의 존재, 구별된 세 위격 안에 계신 하나님의 존재, 하나님의 신성의 모든 영광스러운 속성이 모든 신자에게 화려하게 나타났다.

하나님의 모든 신비에 대한 지식의 빛은 교회의 모든 그림자를 지워 버리고, 세상을 뒤덮은 어둠을 비추어 하나님 보기를 거부하는 자들을 제외하고는 하나님을 모르는 사람이 없도록 했다.[13]

하나님께 가장 가까이 있던 사람들의 가장 깊은 갈망은 언제나 하나님의 영광을 보는 것이었다. 다윗은 하나님을 보기 원했고 그렇게

---

12 [출 20:21; 신 5:22; 왕상 8:12; 대하 6:1] 참조.
13 [요 1:5, 14, 17-18; 고후 4:3-4] 참조.

기도했지만, 그는 오직 모형과 그림자 속에서만 하나님을 볼 수 있었다.

> 하나님이여 주는 나의 하나님이시라
>
> 내가 간절히 주를 찾되
>
> 물이 없어 마르고 황폐한 땅에서
>
> 내 영혼이 주를 갈망하며 내 육체가 주를 앙모하나이다
>
> 내가 주의 권능과 영광을 보기 위하여
>
> 이와 같이 성소에서 주를 바라보았나이다
>
> (시 63:1-2).

하나님은 성소나 예배 의식에서 그리스도 안에 있는 자신의 영광을 잠시나마 비추어 주셨고,[14] 다윗은 그 영광을 마치 귀한 진미를 먹는 것처럼 받아들였다. 여전히 거울에 비친 모습을 보는 것 같지만 수건을 벗은 얼굴로 보는 그 영광은 참으로 소중하지 않을 수 없다(고후 3:18).

그러나 어떻게?

만약 우리가 혼자라면, 그리고 우리 자신의 힘으로 우리의 생각을 신적 본성의 광대함으로 끌어올리기 위해 애쓰는 것 외에 우리에게 다른 희망이 없다면, 우리는 아굴처럼 될 것이다.

---

[14] 구약의 예배와 율법에서 그리스도가 어떻게 예표되었는지에 대한 자세한 논의는 Vern S. Poythress의 *The Shadow of Christ in the Law of Moses* (Brentwood, Tenn.: Wolgemuth & Hyatt, 1991; Phillipsburg, J.J.: P&R Publishing, 1995)를 참조하라.

나는 다른 사람에게 비하면 짐승이라 내게는 사람의 총명이 있지 아니하니라
나는 지혜를 배우지 못하였고 또 거룩하신 자를 아는 지식이 없거니와
하늘에 올라갔다가 내려온 자가 누구인지, 바람을 그 장중에 모은 자가 누구인지,
물을 옷에 싼 자가 누구인지, 땅의 모든 끝을 정한 자가 누구인지, 그의 이름이
무엇인지, 그의 아들의 이름이 무엇인지 너는 아느냐(잠 30:2-4).

그러나 하나님은 인자하심으로 아들을 우리를 향한 하나님의 얼굴이 되게 하셨다. 이제 아들의 얼굴을 바라보며, 그리스도 안에서 볼 수 있는 하나님의 아름다움의 두 가지 측면을 묵상해 보자. 이 두 가지 측면을 통해 우리는 그리스도가 하나님의 유일한 얼굴이심을 알 수 있다.

3. 그리스도의 얼굴에서 우리는 하나님의 지혜를 본다

그러나 지혜는 어디서 얻으며 명철이 있는 곳은 어디인고(욥 28:12).

네가 하나님의 오묘함을 어찌 능히 측량하며 전능자를 어찌 능히 완전히 알겠느냐(욥 11:7).

우리는 하나님의 지혜의 본질을 볼 수 없다. 그러나 하나님의 역사 속에서 그 깊이를 엿볼 수 있는데, 하나님의 가장 뛰어나신 역사는 바로 교회의 구원이다. 바울이 자신의 소명을 기뻐하는 이유가 바로

이것이다.

> 측량할 수 없는 그리스도의 풍성함을 이방인에게 전하게 하시고 영원부터 만물을 창조하신 하나님 속에 감추어졌던 비밀의 경륜이 어떠한 것을 드러내게 하려 하심이라 이는 이제 교회로 말미암아 하늘에 있는 통치자들과 권세들에게 하나님의 각종 지혜를 알게 하려 하심이니(엡 3:8-10).

처음에는 사탄이 하나님을 속인 것처럼 보였다(창 3장). 사탄은 교묘한 속임수로 하나님의 최고의 창조물인 아담과 하와를 유혹하여 하나님의 사랑의 통치에 반기를 들도록 했다. 그 결과 모든 피조물이 구원을 바라며 탄식할 때까지 세상은 추악한 죽음과 부패에 짓눌렸다(롬 8:20-22).

사실 하나님은 사탄을 물리치실 수 있으셨다. 거룩한 숨결 한 번으로 사탄을 녹여 버리실 수 있으셨다.

그러나 그런 방식이 하나님의 지혜를 입증할 수 있었을까?

당연히 다음 질문을 할 수밖에 없을 것이다.

사탄과 하나님 중 누가 더 현명한가?

교활한 속임수로 하나님의 계획을 뒤엎은 사탄인가, 아니면 원수를 무찌르기 위해 단순히 힘에만 의지하신 하나님인가?

그리스도 안에서 드러난 하나님의 계획의 흐름을 따라가다 보면, 하나님께서 원수를 우롱하시는 모습을 보며 우리는 환호하지 않을 수 없다.

아마도 사탄의 무리는 유다의 입맞춤 때 부터 무덤의 돌문이 움직이기 직전까지 잔치를 벌였을 것이다. 그들은 무지했다. 그렇기에 그들은 영광의 주님을 십자가에 못 박았던 것이다(고전 2:8).

우리는 인내와 때를 따라 보여 주신 하나님의 지혜를 본다. 곧 가장 알맞은 때에 그리스도를 보내 구원을 이루신 것이다(롬 5:6; 갈4:4-5). 우리는 하나님께서 더럽고 타락한 피조물을 거룩한 자신 앞으로 다시 데려오는 문제를 해결하신 방법에 대해 경탄한다(벧전 3:18).

우리가 하나님께 조금이라도 관심이 있고, 영원토록 하나님의 영광을 바라보는 기쁨에 대한 소망이 있다면, 큰 기쁨을 주시는 하나님의 지혜를 이 땅에서 살면서 갈망하지 않을 수 있을까?

이 지혜의 모든 보화는 "하나님의 지혜인 그리스도"(고전 1;24) 안에 감추어져 있고, 쌓여 있으며, 펼쳐져 있다. 그리고 우리가 그리스도 안에 있는 하나님의 무한한 지혜를 볼 때, 우리는 그리스도의 영광, 즉 아버지께서 그리스도께 주신 영광을 본다. 이것이 그리스도의 영광이기에, 우리는 오직 그리스도 안에서만 하나님의 지혜의 깊이와 넓이를 볼 수 있다.

모든 피조물이 하나님의 지혜를 선포하는 것은 분명한 사실이다(시 19:1-6 참조). 그러나 그 소리는 예수님 안에서 하나님의 지혜가 천둥처럼 울려 퍼지는 것에 비하면 속삭임에 불과하다.

우리의 지혜는 그리스도 안에서 이 지혜를 명확하게 보는 것이다. 그 지혜를 깊이 묵상할 때 우리의 영혼은 "말할 수 없는 영광스러운 즐거움"(벧전 1:8)으로 충만해진다.

4. 그리스도의 얼굴에서 우리는 하나님의 사랑을 본다

하나님은 사랑이라(요일 4:8).

하나님의 영원한 본질은 사랑이다.
그러나 이 세상에서 우리가 보는 것은 무엇인가?

하나님의 진노가 불의로 진리를 막는 사람들의 모든 경건하지 않음과 불의에 대하여 하늘로부터 나타나나니(롬 1:18).

하나님의 노여움의 흔적으로 가득 차 있는 이 세상에서 우리는 어떻게 사랑이신 하나님의 영광을 알고 또 볼 수 있을까?

하나님의 사랑이 우리에게 이렇게 나타난 바 되었으니 하나님이 자기의 독생자를 세상에 보내심은 그로 말미암아 우리를 살리려 하심이라(요일 4:9).

여기서 우리는 믿음의 눈으로 그리스도의 사랑스러움을 마음껏 바라볼 수 있다. 아버지께서는 그리스도께 이 영광을 주셨다. 즉, 하나님은 그리스도의 피로 "하나님은 사랑이시라"라는 큰 글씨를 쓰셨다. 오직 우리만을 위해, 우리에 대한 애정 외에는 다른 어떤 강요도 없이 그리스도는 우리의 육신을 담당하셨다.

그리스도께서는 자신이 받지 않아도 될 수치와 굴욕을 기꺼이 받으셨다. 그분은 채찍에 맨 등을 드러내셨고, 비참한 면류관을 받기 위해 머리를 숙이셨으며, 못 박히기 위해 두 손을 뻗으셨다.

이 모든 것이 우리를 위한 것이다. 이 모든 것이 사랑 안에서 이루어졌다. 그리고 이 모든 것은 "그가 친히 만물의 으뜸이 되려 하심"(골 1:18)이다.

그리스도가 얼마나 훌륭하고, 얼마나 아름다우며, 얼마나 영광스럽고 매력적인지 알겠는가?

우리는 그리스도 안에서 모든 피조물이 볼 수 있는 가장 기쁨에 찬 하나님의 모습을 보게 된다. 우리가 자연이나 섭리의 사역에서 얻는 하나님의 사랑에 대한 어떤 개념도 다 소중하다. 그런데도 우리는 그것들에서 하나님이 사랑이심을 알 수는 없다. 사랑이신 하나님에 대한 최고의 선언은 바로 그리스도시다.

5. 들판에 숨겨진 보물

이 짧은 글에서 우리는 단지 손가락을 들어 우리를 향한 하나님의 얼굴이신 그리스도의 영광을 가리켰을 뿐이며, 우리가 본 것은 그리스도 안에 있는 하나님의 지혜와 사랑을 담은 두 장의 흐릿한 폴라로이드 사진이다.

그러나 하나님은 이사야 선지자를 통해 새 언약의 날에 관해 말씀하시면서 우리의 눈이 "왕을 그의 아름다움 가운데서 볼 것"(사 33:17)이라고 약속하셨다. 즉, 우리는 그 영광의 광채와 장엄함 속에서 그리스도의 영광을 바라볼 것이다. 이 만왕의 왕의 아름다움을 묵상하는 것이 바로 믿음의 역사이다.

　어둠 속에서 태어나 완전한 어둠 속으로 내던져져야 마땅한 우리가 이 놀라운 "그리스도의 얼굴에 비친 하나님의 영광을 아는 빛" 가운데로 옮겨졌다는 특권을 누가 측량할 수 있을까?

　이 세상의 모든 더럽혀진 영광과 시들어가는 아름다움은 무엇인가?

　이 세상의 모든 영광과 아름다움을 한데 모아 그리스도 안에서 하나님의 얼굴을 한 번 보는 것과 비교하여 무게를 달아 보라. 그 무게는 마치 코끼리가 느끼는 깃털 같을 것이다.

　놀랍게도 하루에 단 5분만이라도 그리스도를 찬미하기 위해 시간을 보내는 사람은 거의 없다. 이 그리스도의 영광에 대한 생각은 우리에게 너무 높거나 너무 심오하다. 우리는 그리스도의 영광에 대한 생각에 이르기 위해 우리의 믿음을 확장하거나, 그 생각을 파고들기 위해 애쓰지 않는다.

　우리의 상냥한 남편이신 그리스도의 사랑스러운 모습이 우리의 마음속 텔레비전 화면을 가득 채우기 시작하면 우리는 재빨리 긴급 속보로 이 프로그램을 중단시킨다. 그리스도께서 영원토록 우리의 영혼에 필요한 양분을 공급하도록 되어 있음에도 불구하고 우리는 그리스도를 흘끗 본 뒤 이내 지겨워 한다.

　그 이유는 우리의 생각과 애정이 다른 채널에 맞춰져 있기 때문이 아닐까?

　우리의 마음은 다른 오락에 익숙해져 있으며, 그리스도를 묵상하는 신앙 활동에 적합하지 않다. 그렇기 때문에 우리 대부분이 영적으로 저조한 상태에 머물면서, 능력도 없고 기쁨도 없는 신앙생활을 하고 있는 지도 모른다.

그러나 만약 우리가 그리스도를 사랑하여 그리스도를 다시 만나기를 간절히 원한다면, 그리고 만약 우리가 그리스도를 바라보고 경탄하는 영적 습관을 가지고 있다면, 하나님 앞에서 우리의 삶은 더욱 달콤할 것이다. 우리의 영혼은 날로 강해질 것이며, 우리는 세상을 향해 그리스도를 더욱 충실히 대변할 것이다. 이상하게 들리겠지만 죽음은 우리를 주님의 시야에서 멀어지게 하는 모든 것에서 벗어나는 마지막 해방처럼 매혹적으로 들릴 것이다.

우리는 그리스도의 얼굴에서 하나님의 영광을 보는 것을 이생에서 가장 큰 특권으로 여겨야 한다. 이는 천국의 여명이요 영생의 첫 열매이다. 참으로 이것이 영생이다.

> 영생은 곧 유일하신 참하나님과 그가 보내신 자 예수 그리스도를 아는 것이니이다(요 17:3).

당신이 하나님의 영광을 이생에서 가장 큰 특권으로 여기지 않는 한, 당신의 판단에 따라 하나님의 영광을 가치 있는 것으로 여기지 않는 한 당신은 하나님의 영광을 누리지 못할 것이다.

그리스도의 얼굴에서 하나님의 영광을 보는 것을 특권과 유익으로 생각하는 것만으로는 충분하지 않다. 당신은 하나님의 영광을 다른 모든 것보다 더 귀하게 여겨야 한다. 당신의 영혼은 하나님의 영광을 갈망하고 또 갈망해야 한다. 당신의 마음과 육체는 살아 계신 하나님을 맛보기 위해 부르짖어야 한다(시 84:2). 그렇지 않으면 당신은 영원히 하나님의 영광과 무관한 이방인이 될 것이다.

C. S. 루이스는 복음을 전혀 듣지 못한 사람들을 구하려는 실수를 저질렀다. 그러나 그는 그리스도의 영광, 즉 그리스도가 우리에게 유일한 하나님의 얼굴이시며 밝은 새벽 별이라는 사실을 알고 있었다.

> 말하자면 우리는 등불에서 나오는 빛이나, 불에서 나오는 열, 또는 마음에서 나오는 생각처럼 항상 아버지로부터 흘러나오는 아들을 생각해야 한다. 아들은 아버지의 자기 표현, 즉 아버지가 하시는 말씀이다. 그리고 아버지가 말씀하시지 않은 순간은 단 한 번도 없었다.[15]

[반성과 토론을 위하여]

1. 그리스도는 교회의 신랑이시며, 교회는 그리스도의 아름다운 신부이다. 그리스도의 신부로서 아가서 5장 9절, "여자들 가운데에 어여쁜 자야 너의 사랑하는 자가 남의 사랑하는 자보다 나은 것이 무엇인가 너의 사랑하는 자가 남의 사랑하는 자보다 나은 것이 무엇이기에 이같이 우리에게 부탁하는가"에서 사랑하는 사람의 질문에 답해 보라(이 질문은 이미 제1장에서 언급한 질문이다. 그리고 앞으로 또 보게 될 것이다. 이 질문을 대할 때마다 그 장에 대한 당

---

15 C. S. Lewis, *Mere Christianity* (New York: MacMillan, 1952), 135.

신의 반성을 바탕으로 답하도록 하라).

2. 출애굽기 33장을 읽으라.
    하나님의 영광을 보는 것에 관해 모세에게 배운 것은 무엇인가?

3. 우리가 그리스도의 얼굴에 있는 하나님의 영광을 더 자주 바라보지 않는 한 가지 이유는 그 방법을 모르기 때문이다. 존 오웬은 우리의 "악습", 즉 우리를 하나님으로부터 멀어지도록 하는 세속적인 것들을 되돌아보는 방식에서 우리가 배울 점이 있을지도 모른다고 제안한다.
    어떤 사악한 대상이 어떻게 당신의 마음을 앗아 가는지 잠시 생각해 보라(여기서 주의할 것은 당신의 정신을 더럽히지 않으면서 구체적으로 말하는 것이다).
    그 갈망을 채우기 위해 어떤 상상을 하는가?
    당신의 생각을 적어 보라.
    이 생각들 중에서 당신이 그리스도의 영광에 사로잡히는 법을 배우는 데 사용할 수 있는 것이 있는가?

4. 하나님께서 그리스도 안에서 우리의 구원을 이루신 방법들에 대해 최소한 다섯 가지 측면을 나열해 보라(예를 들어, 하나님이시면서 사람이신 중보자를 임명하는 것).
    각 측면은 어떻게 하나님의 지혜를 보여 주는가?

5. 그리스도의 생애에 관한 다음 이야기들 중 하나 이상을 읽으라.
마태복음 9장 1-8절; 12장 1-14절; 21장 23-27절.
각 이야기마다 그리스도께서 어떻게 자신의 지혜를 보여 주셨는지, 그리고 그 지혜가 어째서 최고의 지혜인지를 설명해 보라.

6. 4번 또는 5번 질문에 대한 답을 가지고 그리스도를 하나님의 지혜를 드러내시는 분으로 찬양하면서 그리스도를 향한 기도문을 작성해 보라.
출애굽기 15장 1-18절처럼 그리스도의 위대함을 이야기하는 "서사적 찬양"의 형태로 기도할 수 있다.[16]

---

[16] 이에 대한 유용한 지침은 Richard L. Pratt, Jr., *Pray with Your Eyes Open* (Phillipsburg, N.J.: Presbyterian and Reformed, 1987), chapter 4를 참조하라.

제3장
신비에 빠지다

> 나는 신비에 빠져드는 것을 좋아한다.
> 나의 이성을 깊은 곳(*O altitudo*)[17]까지 추구하는 것을!
> - 토머스 브라운 -

1. 폭풍의 신은 누구인가?

종교는 항상 다음과 같은 기본 질문에 답해야 한다.
'땅에 비를 내리게 하고 피조물을 먹여 살리는 신은 누구인가?'
갈멜산에서 엘리야가 바알의 선지자들과 대결을 벌였을 때, 이 점이 논쟁의 대상이 되었다(왕상 18:16-46). 하나님은 이스라엘 백성들의 죄로 말미암아 여러 해 동안 그 땅에 비를 내리지 않으셨다. 그러나 이제 자신의 능력을 드러내기 원하셨다.

---

[17] *O altitudo*는 로마서 11장 33절, "깊도다 하나님의 지혜와 지식의 풍성함이여"에서 "깊도다"를 뜻하는 라틴어 표현이다. *O altitudo*는 바울이 하나님의 지혜의 심오함 속에서 헤엄치면서 어떻게 지혜의 경이로움에 휩싸였는지를 표현하고 있다.

하나님은 엘리야에게 바알의 선지자들과 누가 하늘에서 불(즉, 폭풍우의 번개)을 내리게 하는지 대결하도록 명령하셨다. 바알 선지자 450명은 마음을 다하여 기도했고, 송아지로 제사를 드렸으며, 지쳐 쓰러질 때까지 춤을 추었고, 칼과 창으로 자신들의 몸에 상처를 내면서, 목이 쉬도록 소리를 질렀다. 그들은 폭풍의 신으로 여겼던 바알에게 불을 내려 제단의 제물을 태워 달라고 간청하였다. 그러나 그들이 들은 유일한 소리는 엘리야의 조롱뿐이었다.

엘리야가 그의 하나님께 기도했을 때, 하늘에서 불이 내려와 제물과 제단을 살랐다. 그다음은 "구름과 바람이 일어나서 하늘이 캄캄해지며 큰 비가 내렸다"(왕상 18:45).

구약성경 곳곳에서 이스라엘의 하나님은 폭풍우의 하나님으로 거듭 선포되고 드러난다.

> 여호와여 큰 물이 소리를 높였고 큰 물이 그 소리를 높였으니 큰 물이 그 물결을 높이나이다 높이 계신 여호와의 능력은 많은 물 소리와 바다의 큰 파도보다 크니이다(시 93:3-4).

> 이에 그들이 그들의 고통 때문에 여호와께 부르짖으매 그가 그들의 고통에서 그들을 인도하여 내시고 광풍을 고요하게 하사 물결도 잔잔하게 하시는도다 그들이 평온함으로 말미암아 기뻐하는 중에 여호와께서 그들이 바라는 항구로 인도하시는도다(시 107:28-30).[18]

---

18 [시 29:3, 10; 65:7] 참조.

논쟁의 여지없이 구약성경의 하나님은 폭풍의 신이시다.

2. 새끼 고양이인가, 천둥 번개인가?

예수님의 제자들이 예수님을 따라 배에 올랐을 때, 그들은 자신들이 무엇을 해야 하는지 전혀 알지 못했다(마 8:23-27). 폭풍우가 호수를 휩쓸고 거센 파도로 배가 가라앉을 위기에 처했을 때, 죽음의 공포를 느낀 제자들은 벌벌 떨었다.

그들은 비명을 지르며 배에서 낮잠을 자고 계시던 예수님을 깨웠다. 잠에서 깨신 예수님은 그 누구에게도 기도하지 않고 폭풍우를 향해 말씀하셨다. 그러자 바람이 잦아들고 바다는 잔잔해졌다.

이제 제자들은 정말 두려워했다.

그들과 함께 배에 타고 있던 이 사람은 누구였을까?

이 신실한 유대인들은 성경을 알고 있었고 폭풍의 주관자가 하나님임을 믿어 의심치 않았다. 불과 1분 전에 그들은 자신들과 별 다를 것이 없어 보이는 이 예수가 배에서 자고 있는 것을 보았다. 그러나 이제 마태는 말한다.

> 그 사람들이 놀랍게 여겨 이르되 이이가 어떠한 사람이기에 바람과 바다도 순종하는가 하더라(마 8:27).

C.S. 루이스의 동화 『사자, 마녀, 그리고 옷장』(*The Lion, The Witch, and The Wardrobe*)[19]에는 제자들이 느꼈을 혼란과 유사한 놀라움을 묘사한 구절이 있다. 부활 직후, 아슬란(그리스도의 형상인 사자)이 루시와 수잔에게 나타난다.

사자가 말했다.
"애들아. 내 힘이 다시 돌아오는 게 느껴지는구나. 나를 한번 잡아 보거라!"
아슬란은 순식간에 눈을 밝게 빛내며 사지를 부르르 떨면서 꼬리로 자기 몸을 쳐댔다. 그러더니 아이들 머리 위로 높이 뛰어올라 돌탁자 맞은편에 내려섰다. 루시는 깔깔거리면서 자기도 모르게 아슬란에게 다가가려고 돌탁자 위를 기어올랐다. 아슬란은 다시 펄쩍 뛰었다. 그리하여 아주 신나는 술래잡기가 시작되었다.
아슬란은 아이들 손이 닿지 않을 정도로 언덕 꼭대기를 빙빙 돌기도 하고, 잘하면 꼬리를 잡을 수 있을 만큼 아이들 사이로 가깝게 뛰어들기도 했다. 그런가 하면 놀랄 만큼 부드럽고 거대한 앞발로 아이들을 공중 높이 던져 올렸다가 다시 받아 안기도 했다.
그러다가 갑자기 동작을 멈췄다. 이제 아슬란과 루시와 수잔은 행복한 웃음을 터뜨리며 함께 털과 팔과 다리를 포개고 뒹굴었다. 나니아가 아닌 곳에서는 어느 누구도 맛볼 수 없는 장난이었다. 천둥 번개와 함께 노는 기분이었다고나 할까, 새끼 고양이와 노는 기분이었다고나

---

[19] 이 제안을 통해 루이스의 팬들과 화해하고 싶다.

할까. 루시는 도무지 판단이 서지 않았다.[20]

> 새끼 고양이인가 아니면 천둥 번개인가?
> 예수님은 사람인가 아니면 하나님인가?
> 그분은 우리와 같은 본성을 지니고, 우리 곁에서 함께 걸으시며 우리와 같은 인간의 연약함 아래서 고난을 겪으시는 우리의 친구이신가?
> 아니면 하늘 보좌에 앉아 계신 전능하고, 경이로우며, 두려우며, 절대 권력을 지니신 주권자인가?

성경의 대답은 "둘 모두"이다.
그리스도는 한 인격 안에 두 개의 구별되는 본성을 가지고 계시다.

하나는 영원하고, 무한하며, 광대하고, 전능하신 하나님의 형상과 본질이다.
다른 하나는 시간 속에서 시작되며, 유한하고, 제한적이며, 특정 장소에 국한된다.

이 두 번째 본성은 그리스도께서 "육신이 되어 우리 가운데 거하실 때"(요 1:14) 취하신 인간의 본성이다. 예수님과 같은 사람은 아무도 없으며, 이 신비 속에서 예수님은 영광스럽다. 사실 예수님의 이

---

20 Lewis, The Lion, *The Witch, and The Wardrobe* (New York: Macmillan, 1950), 133.

영광은 너무도 밝게 빛나기 때문에 눈먼 세상은 그 빛과 아름다움을 견딜 수 없다. 천사들조차 고개를 숙이고 자세히 보기 원하는 영광이며(벧전 1:12), 이 영광이 교회의 기초이다(마 16:16-19).

그러나 우리는 이 영광을 우리의 자녀들에게 설명할 수 없다. 우리의 말과 비유는 이 영광을 설명하기에 부족하다. 여기서 우리는 이 놀라운 신비의 창조주 앞에 엎드려 경배하며, 우리의 이해를 믿음의 순종에 맡기고, 우리가 이해할 수 없는 이 신비를 겸손히 경외해야 한다.

3. 심오함(*O Altitudo!*)

지금 나의 목적은 신인(God-man)이신 그리스도의 신비에 대한 미묘한 차이를 자세히 설명하려는 것이 아니다. 나는 당신이 그리스도를 아는 지식을 성장시키는 과정의 일환으로 그리스도의 신비를 탐구할 것이라고 믿는다.[21] 지금 내가 할 일은 한 인격 안에서 하나님이자 사람으로 계신 그리스도의 영광을 묵상하도록 당신의 마음을 일깨우는 것이다.

---

[21] 만일 당신이 그리스도의 인격에 관한 기독교 교리에 대해 잘 알지 못한다면 많은 신학서적을 통해 도움을 받을 수 있다. 이 장의 마지막 "반성과 토론" 부분에 도움이 될 만한 책 몇 권을 소개한다. 만약 존 오웬의 『크리스톨로지아』 (*ΧΡΙΣΤΟΛΟΓΙΑ*) 또는 '존 오웬 전집'(The Works of John Owen) 제1권 『그리스도의 위격에 대한 영광스러운 신비의 선언』(*Declaration of the Glorious Mystery of the Person of Christ*), ed. William Goold (Edinburgh: Johnstone and Hunter, 1850-53)을 읽을 인내심과 용기가 있다면 많은 것을 얻을 수 있을 것이다.

1) 하나님이자 사람이신 그리스도의 이 거룩한 비밀이 당신이 생각할 수 있는 가장 고귀하고 유용하고 유익한 주제라는 사실을 영혼과 마음에 고정시켜라[22]

그리스도를 아는 지식에 비하면 다른 모든 것은 아무것도 아니다. 바울은 이 모든 것을 "쓰레기"로 간주한다(빌 3:8-10).

대부분의 사람이 생각하고 소중히 여기는 것은 무엇인가?

시편 기자에 따르면, "많은 사람이 '우리에게 선을 보일 자 누구뇨'라고 묻는다"(시 4:6). 즉, 사람들 대다수는 이 세상의 것들을 얻을 수 있도록 도와주고 마음의 평화를 줄 수 있는 사람이 누구인지 알고 싶어 한다. 그러나 시편 기자는 다음과 같이 말한다.

> 여러 사람의 말이 우리에게 선을 보일 자 누구뇨 하오니 여호와여 주의 얼굴을 들어 우리에게 비추소서 주께서 내 마음에 두신 기쁨은 그들의 곡식과 새 포도주가 풍성할 때보다 더하니이다(시 4:6-7).

이 세상의 그 어떤 것도 영원하신 하나님이자 사람이신 그리스도의 얼굴에서 하나님의 영광의 빛을 보는 것과 비교할 수 없다.

아내와 남편, 자녀, 재산, 승진, 권력, 친구, 명예 등 이 땅에서 가치 있다고 여겨지는 것들을 생각해 보라.

이런 것에 대해 무관심한 사람이 있을까?

---

22 [빌 4:8]과 비교.

그러나 하나님이자 사람이신 그리스도의 영광을 조금이라도 본 사람이라면 누구나 다음과 같이 말할 것이다.

> 하늘에서는 주 외에 누가 내게 있으리요 땅에서는 주밖에 내가 사모할 이 없나이다 (시 73:25).

다른 이들은 그렇게 육신에 사로잡히지 않고 우리가 마땅히 그래야 하는 하나님의 창조와 섭리의 경이로움을 깊이 묵상한다. 그러나 창조와 섭리의 경이로움조차도 하나님이자 사람이신 그리스도의 영광에 비길 수 없다.

광대한 은하계와 눈에 보이지도 않는 원자들 속에 깃들어 있는 하나님의 뛰어난 솜씨를 생각해 보라. 하나님께서 자신의 뜻을 행하시기 위해 어떻게 온 우주만물을 창조하셨는지에 대한 경이로움이 당신을 사로잡게 하라. 그러나 거기에서 멈추지 말고 더 높이, 더 깊이 들어가라. 즉, 당신의 생각을 하나님이자 사람이신 그리스도께로 높이도록 하라.

2) 하나님이자 사람이신 그리스도의 영광이 어떻게 드러나는지 보기 위해 성경을 부지런히 연구하라

상상력이 가지는 창의성만으로는 그리스도의 영광을 볼 수 없다. 그리스도의 영광은 하나님의 계시를 찾는 믿음의 비전이다. 구약성경의 성도들의 예를 생각해 보라.

> … 이 구원에 대하여는 너희에게 임할 은혜를 예언하던 선지자들이 연구하고 부지런히 살펴서 자기 속에 계신 그리스도의 영이 그 받으실 고난과 후에 받으실 영광을 미리 증언하여 누구를 또는 어떠한 때를 지시하시는지 상고하니라 이 섬긴 바가 자기를 위한 것이 아니요 너희를 위한 것임이 계시로 알게 되었으니 이것은 하늘로부터 보내신 성령을 힘입어 복음을 전하는 자들로 이제 너희에게 알린 것이요 천사들도 살펴보기를 원하는 것이니라 그러므로 너희 마음의 허리를 동이고 근신하여 예수 그리스도께서 나타나실 때에 너희에게 가져다 주실 은혜를 온전히 바랄지어다(벧전 1:10-13).

성경 어디를 읽든 이 원칙을 명심하라. 그리스도와 그분의 사역에 대한 계시와 지식은 선지자들과 사도들이 우리를 강하게 하기 위해 말한 모든 것의 기초이다(엡 2:20-22). 이것은 예수님이 엠마오로 가는 길에서 두 제자에게 성경을 가르치신 방법이다.

> 그리스도가 이런 고난을 받고 자기의 영광에 들어가야 할 것이 아니냐 하시고 이에 모세와 모든 선지자의 글로 시작하여 모든 성경에 쓴 바 자기에 관한 것을 자세히 설명하시니라… 이에 그들의 마음을 열어 성경을 깨닫게 하시고 (눅 24:26-27, 45).

성경에는 그리스도의 인격과 영광에 대한 계시가 처음부터 끝까지 가득하여 세상 끝날까지 믿음과 묵상을 실천하기에 충분하다.

성경은 세 가지 방법을 통해 우리에게 그리스도의 영광을 보여 준다.

첫째, 그리스도의 인격과 성육신에 대한 직접적인 묘사이다.[23]

둘째, 그리스도에 관한 수많은 예언과 약속, 그리고 명시적 지시는 우리로 하여금 그리스도의 영광을 되돌아보게 한다.[24]

셋째, 성경은 구약 시대의 신성한 예배 의식을 통해 그리스도의 영광을 보여 준다(이에 대해서는 제8장에서 살펴보도록 하겠다).

구약성경에 나오는 한 예로 이사야의 환상을 생각해 보자.

> 웃시야 왕이 죽던 해에 내가 본즉 주께서 높이 들린 보좌에 앉으셨는데 그의 옷자락은 성전에 가득하였고 스랍들이 모시고 섰는데 각기 여섯 날개가 있어 그 둘로는 자기의 얼굴을 가리었고 그 둘로는 자기의 발을 가리었고 그 둘로는 날며 서로 불러 이르되 거룩하다 거룩하다 거룩하다 만군의 여호와여 그의 영광이 온 땅에 충만하도다 하더라(사 6:1-3).

이사야는 그리스도의 신성한 임재의 영광이 그분의 인간 본성, 곧 그분의 몸인 성전을 모든 영광스러운 은총으로 가득 채우는 것을 보았다(요 12:14과 비교하라).

그리고 이 영광의 그림자가 너무나 경이롭고 거룩하여 스랍들이 그들의 얼굴을 가렸다면, 복음서에 명백히 나타나 있듯이 그리스도

---

[23] [창 3:15; 시 2:7-9; 45편 2-6; 68편 17-18; 110편; 사 6:1-4; 9:6; 슥 3:8; 요 1:1-3; 빌 2:6-8; 히 1:1-3; 2:14-16; 계 1:17-18] 참조.

[24] [창 49:10; 삼상 2:10; 욥 19:25; 시 40:6-10(히 10:5-10에서 이 구절에 대해 말하는 것과 비교해 보라); 118:22-26; 사 11:1-10; 40:11; 42:1-4; 49:1-12; 55:3-5; 59:16-20; 렘 23:5-6; 33:15-18; 단 7:13-14; 학 2:7; 말 4:2] 참조.

의 영광은 그 자체로 더할 나위 없이 영광스럽다!

값진 진주를 찾는 것처럼 그리스도의 영광에 대한 이런 비전을 찾으라(마 13:45-46). 성경은 진주가 숨겨져 있는 밭과 같다. 성경의 모든 진리는 우리 영혼의 유익을 위한 것으로 우리를 더 풍요롭게 만드는 진주이다.

우리가 이 값진 진주, 곧 그리스도의 영광을 발견할 때 우리는 기쁨으로 그것에 열중한다. 그러면 우리는 진리의 말씀 속에서 영혼의 양식을 발견하고, 주님의 은혜를 맛보게 된다. 성경은 생수의 샘이 우리 몸에 새 힘을 주는 것같이 우리 마음에 새 힘을 준다.

3) 하나님이자 사람이신 그리스도를 자주 생각하라

여기서 실패하는 것은 우리 중 많은 사람이 복음 속에 담겨 있는 우리의 특권에 대해 무지하여 영적으로 계속해서 무력한 상태로 있는 근본적 실수이다. 우리는 그리스도에 관한 교리를 듣고 그 교리를 믿는다고 말하지만, 결코 그 교리를 엄숙하게 묵상하지 않는다.

그리스도의 영광을 묵상하기 위해서는 마음이 영적이고 거룩해야 하며, 이 세상의 것에 얽매이지 않아야 한다. 그래서 우리 대부분은 이런 종류의 묵상에 익숙하지 않다. 우리는 우리의 육신을 죽이기 위해 애쓰지 않는다(롬 8:6).[25]

---

[25] 이것에 대한 도움을 얻으려면 내 책, *The Enemy Within: Straight Talk About the Power and Defeat of Sin* (Phillipsburg, N.J.: P&R Publishing, 1998)을 보거나 아니면 '존 오웬 전집' 제6권에 있는 죄에 관한 글을 참조하라.

신실한 신자들은 그리스도와 그 영광을 묵상하려는 노력을 멈추지 않는다. 특이하게도 그들은 천국에서 그리스도의 영광을 영원토록 보는 것 외에 바라는 것은 아무것도 없다고 주장한다.

이것을 어떻게 이해할 수 있을까?

성경에 계시된 그리스도의 영광을 묵상하는 것을 기뻐하지 않는 사람이 천국에서 그리스도의 영광을 진정으로 사모하는 것은 불가능하다.

어떻게 사람들은 이 땅에 있는 모든 어리석은 일을 생각할 시간을 찾아내면서도, 그리스도에 대해서는 단 한가지라도 생각할 시간이나 의향이 없는 것일까?

4) 오래도록 하나님이자 사람이신 그리스도를 생각하지 않고 지내지 말라

그리스도는 우리 가까이, 심지어 우리 마음속에도 계신다(롬 10:6-8). 우리가 그리스도를 의지할 때마다 우리는 그분이 우리와 대화할 준비가 되어 있으심을 깨닫게 된다. 즉, 우리가 말씀을 읽고 묵상하여 얻은 지식을 가지고 우리는 온종일 그리스도에 대한 갑작스럽고 달콤한 생각을 할지도 모른다.

그분은 우리와 얼마나 가까이 계시며 우리와 교제하기를 얼마나 간절히 원하는지 알려 주시기 위해 다음과 같이 말씀하신다.

볼지어다 내가 문 밖에 서서 두드리노니 누구든지 내 음성을 듣고 문을 열면 내가 그에게로 들어가 그와 더불어 먹고 그는 나와 더불어 먹으리라(계 3:20).

그러나 때때로 우리의 믿음을 시험하기 위해, 또는 우리의 죄악된 나태함 때문에, 그리스도는 우리가 그리스도를 부지런히 찾는다 하더라도 우리에게서 물러나 계심으로 우리가 그분의 목소리를 듣지 못하고, 얼굴을 볼 수도 없으며, 사랑을 느끼지도 못하게 하신다.

그런 일이 발생할 때 그리스도에 대한 우리의 모든 생각은 영적 생기 없이 메마르게 된다. 그리고 만약 우리가 그리스도에 대한 그런 생명 없는 생각에 만족하는 법을 배운다면 우리의 영혼은 메말라 시들어 버릴 것이다.

일단 그리스도가 멀리 계시다는 의심이 들면, 우리는 사랑하는 사람이 아가서에서 했던 일을 해야 한다.

> 내가 밤에 침상에서 마음으로 사랑하는 자를 찾았노라 찾아도 찾아내지 못하였노라
>
> 이에 내가 일어나서 성 안을 돌아다니며 마음에 사랑하는 자를 거리에서나 큰 길에서나 찾으리라 하고 찾으나 만나지 못하였노라
>
> 성 안을 순찰하는 자들을 만나서 묻기를 내 마음으로 사랑하는 자를 너희가 보았느냐 하고
>
> 그들을 지나치자마자 마음에 사랑하는 자를 만나서 그를 붙잡고 내 어머니 집으로, 나를 잉태한 이의 방으로 가기까지 놓지 아니하였노라 (아 3:1-4)[26]

---

[26] [아 5:2-8] 참조.

우리의 영광스러운 남편이신 주 예수님은 때로 우리의 영적 체험과는 동떨어져 계시기 때문에, 우리는 그분의 사랑에 대한 신선한 감각도, 그분의 위로의 은혜라는 신선한 소통도 경험할 수 없다. 주님의 부재를 느껴 본 적이 없는 사람은 아마도 그분의 존재를 즐겨 본 적이 없을 것이다.

그러나 그분이 사랑으로 찾아오신 사람들, 그분이 새롭게 하시고 안도하게 하시고 위로해 주신 사람들은 잠시라도 그분과 헤어지는 것이 어떤 것인지 안다. 그들은 그분을 찾지만 찾을 수 없을 때 괴로워한다.

만약 당신이 이 외로운 영적 상태에 있는 당신 자신을 발견하게 된다면, 아가서로 돌아가 사랑하는 사람으로부터 배우기 바란다. 기도와 묵상, 애통 속에서 그리스도를 찾는 일을 포기하지 말라. 그리스도를 찾거나 그리스도께서 당신에게 다시 오실 때까지 말씀을 읽고 들으며, 공예배 및 개인 예배에 참석하고, 부지런히 순종하라. 그리고 그분을 찾게 되면, 절대로 그분을 놓지 말라.

5) 하나님이자 사람이신 그리스도에 대한 모든 생각을 찬미, 흠모, 감사로 가득 채우라

하나님이자 사람이신 분에 대한 지식은 그 깊이를 측량할 수 없는 대양과 같다. 우리가 그리스도 안에서 새롭게 되었을 때, 우리의 마음, 영혼, 생각, 힘은 은혜로 말미암아 그리스도를 붙잡을 수 있게 된다. 믿음으로 우리의 생각은 그리스도의 고귀함과 아름다움을 분별하고, 믿음으로 우리의 애정은 그리스도를 갈망하며, 믿음으로 우리의 의지는 그리스도를 받아들인다.

우리는 그리스도를 존경하고 경배하고 감사하는 법을 배운다. 요약하면, 우리는 모든 계명 가운데 가장 위대한 계명을 따르는 것이 무엇인지 알게 된다(마 22:37-38).

거듭남에서 시작된 이 사랑은 우리의 삶을 통해 자라나야 하며, 우리가 구원받은 모든 교회와 목소리를 합치게 될 천국에서 풍성한 열매를 맺을 때까지 무르익어야 한다.

> 그들이 새 노래를 불러 이르되
> "두루마리를 가지시고 그 인봉을 떼기에 합당하시도다 일찍이 죽임을 당하사 각 족속과 방언과 백성과 나라 가운데에서 사람들을 피로 사서 하나님께 드리시고 그들로 우리 하나님 앞에서 나라와 제사장들을 삼으셨으니 그들이 땅에서 왕 노릇 하리로다 하더라"
> 내가 또 보고 들으매 보좌와 생물들과 장로들을 둘러 선 많은 천사의 음성이 있으니 그 수가 만만이요 천천이라 큰 음성으로 이르되
> "죽임을 당하신 어린양은 능력과 부와 지혜와 힘과 존귀와 영광과 찬송을 받으시기에 합당하도다 하더라"
> 내가 또 들으니 하늘 위에와 땅 위에와 땅 아래와 바다 위에와 또 그 가운데 모든 피조물이 이르되
> "보좌에 앉으신 이와 어린양에게 찬송과 존귀와 영광과 권능을 세세토록 돌릴지어다" 하니
> 네 생물이 이르되 아멘 하고 장로들은 엎드려 경배하더라(계 5:9-14).

제3장의 목적은 그리스도가 하나님이자 사람이시라는 교리가 단지 동의해야 할 교리가 아니라는 것을 당신에게 확신시키는 것이다. 이 신비는 우리 주 예수님의 영광이며 우리가 바쁜 마르다와 함께 분주하기보다는 예수님의 발치에 앉아 있는 마리아 옆에 앉으려는 마음을 갖도록 하기에 충분한 이유이다(눅 10:38-41).

하나님이자 사람이신 그분의 신비를 한 번 보는 것만으로도 우리의 마음과 생각은 경이로움으로 충만하게 되어, 우리의 영혼이 '심오함'(O altitude)에 이를 때까지 감탄과 경배와 감사로 넘쳐난다.

[반성과 토론을 위하여]

1. 그리스도는 교회의 신랑이시며, 교회는 그리스도의 아름다운 신부이다. 그리스도의 신부로서 아가서 5장 9절에 나오는 사랑하는 사람의 질문에 답해 보라.
    "여자들 가운데에 어여쁜 자야 너의 사랑하는 자가 남의 사랑하는 자보다 나은 것이 무엇인가?"

2. 하나님이자 사람이신 그리스도를 묵상하기 위해 신학대학원 학위가 필요한 것은 아니지만, 신학의 기초를 공부할 필요는 있다. 그리스도는 항상 하나님이셨고 앞으로도 하나님이실 것이라는 사실과 어느 시점에서 사람이 되셨으며, 앞으로도 영원히 하나님이자 사람이시라는 사실을 성경에서 가르치고 있다는 확신이

없다면, 계속 나가기 전에 다음 책들 중 하나를 선택하여 성경에서 이 진리들을 배우는 데 활용하라.

- 하이델베르그 요리문답(성경 본문 포함)의 제2부 "인간의 구원", 12-19번 항목을 공부하고 관계된 모든 성경 구절을 찾아보라.
- 존 스토트, 『기독교의 기본 진리』(Basic Christianity). 제1장 "그리스도는 누구인가"를 보라.
- 존 칼빈, 『기독교 강요』(Institutes of the Christian Religion). 섹션 2.12.1에서 2.14.4를 보라.
- 루이스 벌코프, 『조직신학』(Systematic Theology), "그리스도의 명칭과 성질" 부분을 보라.

3. 하루 종일 그리스도를 생각하지 못하도록 방해하는 장애물을 세 가지 이상 찾아보라.
그것들 각각은 그리스도에 대한 당신의 생각을 어떻게 방해하는가?
이 장애물을 극복하기 위해 당신이 할 수 있는 일은 무엇인가?
하나님께 이 장벽들을 무너뜨리고 그리스도 안에서 기쁨의 날을 주시기를 간구하기 위해 기도(그리고 금식)의 날을 따로 정하라.

4. 하루 종일 당신의 마음을 채우는 것은 무엇인가? (일? 상념? 라디오에서 들은 노래 가사?).

그것이 당신의 마음을 채우는 이유는 무엇인가? (필요? 정욕? 반복?)

그러면 이 장에서 하루 종일 그리스도에 대한 생각으로 마음을 채우는 데 도움이 될 만한 무엇을 배울 수 있을까?

제4장
그분은 스스로 낮추사
천지를 굽어 살피신다

> 가장 낮은 곳에
> 있게 하소서…
> - 크리스티나 로제티 -

1. 굳은살

작업용 장갑 없이 정원을 가꾸어 본 적이 있다면 손바닥의 같은 부위에 계속 힘을 가하게 되면서 굳은살이 박히는 경험을 했을 것이다. 굳은살이 더욱 더 딱딱하게 되면 바늘로 찔러도 별 느낌이 없다. 굳은살에는 말초 신경이 없기 때문에 고통에 둔감하다.

만일 당신이 매주 사도신경을 암송하는 교회에 다닌 적이 있다면, 당신은 당신의 생각과 마음이 신앙의 진리에 대해 냉담하고 무감각해질 수 있다는 것을 알고 있다.[27] 솔직히 말하면, 나는 때때로 사도

---

[27] 이것은 신앙고백을 멈추어야 하는 이유가 아니라 우리의 마음을 회개해야 하는 이유이다.

신경을 암송하는 동안 누가 외우는지 또 누가 못 외우는지 보기 위해 두리번거린 적이 있었다. 비록 입으로는 신앙고백을 외우고 있었지만 내 마음에는 아무런 감동도 없었다.

그럼에도 불구하고 사도신경에는 내가 그 부분을 읽을 때마다 목이 메이거나 눈시울이 뜨거워져 좀처럼 그냥 지나칠 수 없는 한 구절이 있다. 그리스도에 관하여 말할 때, 우리가 되새기는 것은 그리스도는 우리를 위하여, 또 우리의 구원을 위하여 하늘에서 내려오셨다는 것이다.

아마도 사도신경에 그리스도의 사랑이 너무 분명하게 드러나 있어서, 대충 넘어가거나 가볍게 지나칠 수 없는 것 같다. 나는 그리스도의 동기, 즉 '우리를 위하여'라는 사실을 대충 넘길 수 없다. 바울이 "나를 사랑하사 나를 위하여 자기 자신을 버리신 하나님의 아들을 믿는 믿음 안에서 사는 것"(갈 2:20)이라고 말했을 때 바울을 사로잡은 것이 바로 이 사랑이었다.

이것은 교회의 교리로 보기에는 지나치게 인간적이다. 교리는 부드럽고 즐거운 것이 아니라 건조하고 딱딱해야 한다.[28] 그리고 내가 놀라지 않을 수 없는 그리스도가 우리를 위해 하신 일, 그분이 내려오셨다는 사실이다.

---

[28] 조롱의 의미로 하는 말이다.

2. 인류를 위한 위대한 결단

죄는 하나님과 우리 사이를 갈라놓는 광활한 바다와 같다. 그 누구도 이 죄의 바다를 헤엄쳐 건널 수 없다. 화염검을 든 천사들이 잠긴 문을 지키고 있기에 그 누구도 하나님께서 임재하고 계신 에덴으로 돌아갈 수 없다.[29] 만일 하나님께서 죄의 바다를 가로지르고, 잠긴 문을 열고, 화염검을 부수고, 우리를 하나님께 데려갈 중보자를 주시지 않았다면, 이 비참한 상황은 영원히 지속되었을 것이다.

> 하나님은 한 분이시요 또 하나님과 사람 사이에 중보자도 한 분이시니 곧 사람이신 그리스도 예수라(딤전 2:5).

하나님 자신, 곧 홀로 한 분이신 하나님으로서는 하나님과 우리 사이의 중보자가 되실 수 없다는 사실은 매우 중요하다. 하나님께서 우리의 구원을 위해 행하신 모든 위대하고 은혜로운 사역에도 불구하고, 하나님은 그분의 신적 본질에서 우리의 중보자가 되실 수 없다. 물론, 다른 어떤 피조물도 우리의 중보자가 될 수 없다. 천국이나 지상의 그 누구도 이 일을 대신할 수 없다.[30]

그 어떤 중보자도 찾을 수 없는 상황에서 하나님의 아들이신 주 그리스도는 말씀하셨다.

---

29 [창 3:24] 참조.
30 [삼상 2:25] 참조.

이에 내가 말하기를 하나님이여 보시옵소서 두루마리 책에 나를 가리켜 기록된 것과 같이 하나님의 뜻을 행하러 왔나이다 하셨느니라(히 10:7).

이것은 기독교의 가장 중요하고 단순한 진리 중 하나이며, 이 신앙의 기초에서 우리는 그리스도의 영광을 분명하게 발견한다. 그러나 그리스도가 얼마나 낮은 자리까지 내려가셨는지를 생각하기 전까지는 그 영광을 볼 수 없다. 인류를 위한 그리스도의 위대한 도약의 참된 가치를 알기 위해서는 그분이 어디에서 오셨고 어디로 오셨는지 알아야 한다.

3. 사랑하는 그분의 도약

나에게는 세 명의 아들이 있다. 큰 아들은 열다섯 살, 둘째는 여섯 살, 셋째는 다섯 살이다.[31] 당신이 짐작하는 것처럼 큰아들은 동생들과 함께 놀기에는 나이가 좀 많다. 그러나 가끔 큰아이는 동생들을 위해 레고 잠수함이나 헬리콥터를 만들어 주곤 한다. 그럴 때마다 동생들은 좋아서 난리법석을 떤다.

때때로 큰아이는 내 강요, 즉 형제간의 우애와 동생들에게 "친절"하라는 가르침 때문에 마지못해 이런 장난감을 조립해서 동생들에게

---

[31] 나에게는 딸 아이도 한 명 있다. 그러나 이 이야기에는 등장하지 않기 때문에 언급하지 않는다.

주곤 한다. 그러나 가끔은 전혀 예상하지 못한 때에 자기의 멋진 탱크 모델 중 하나를 동생들에게 주거나 동생들에게 주거나 X-윙 파이터(X-Wing Fighter, 역자주: 영화〈스타워즈〉에피소드 6, "제다이의 귀환에 등장하는 가공의 전투기")를 가지고 놀게 한다.

큰아들의 예상치 못한 행동은 나를 기쁘게 한다. 왜냐하면, 그 행동에 담겨 있는 사랑과 이타심을 보았기 때문이다. 나는 큰아들이 자신의 이익을 제쳐 두고 동생들을 위해 봉사하는 것이 얼마나 어려운지 알고 있다. 그 일을 통해 그 아이가 얻을 수 있는 분명한 유익은 아무것도 없다.

이런 식의 형제간 우애는 흐뭇한 일이지만, 우리 구주께서 우리의 중보자가 되기 위해 취하신 위대한 도약과는 비교할 수조차 없다. 그분은 제비뽑기로 우리의 중보자가 되신 것이 아니다. 아버지는 그에게 우리의 중보자가 될 것을 강요하지 않으셨다. 그분의 뜻에 반하는 어떤 외부의 압력도 없었다. 그리스도는 자신의 자유 의지에 따라 이 일을 감당하셨다(빌 2:5-8 참조).

그리스도가 어떻게 우리를 위해 내려오셨는지를 생각할 때에야 비로소 우리는 영광스러운 그리스도를 볼 수 있다.

4. 그리스도는 얼마나 멀리 내려오신 것일까?

창조와 관련된 하나님의 탁월하심에 관해 성경은 하나님을 우리와는 비할 데 없이 높은 분으로 묘사한다.

> 여호와 우리 하나님과 같은 이가 누구리요 높은 곳에 앉으셨으나
> 스스로 낮추사 천지를 살피시고(시 113:5-6).

무슨 의미인지 이해하겠는가?

하나님은 우리를 보기 위해서뿐만 아니라 천지를 살피기 위해서도 자신을 낮추셔야 한다. 이는 하나님이 우리보다 훨씬 높으시다는 것을 의미한다. 하나님은 두 가지 면에서 우리보다 훨씬 높이 계신다.

1) 하나님은 그분의 신적 존재면에서 우리보다 높은 분이시다

하나님의 신성한 본질을 소유한 생명체는 없다. 하나님에 비하면 모든 민족은 양동이 속 한 방울의 물, 저울의 작은 티끌에 불과하다(사 40:15). 이사야는 심지어 모든 열방을 가리켜 "아무것도 아니라"라고까지 묘사했다(사 40:17).

사실 존재하는 모든 것의 근원이신 하나님의 존재를 하나님의 피조물과 비교하려고 할 때 의미 있는 예시 또는 비율은 있을 수가 없다. 물 분자 하나와 태평양의 크기를 비교한 값이 하나님과 우리 사이의 존재적 거리보다 여전히 더 어마어마하게 가깝다. 우리가 할 수

있는 어떤 표현으로도 하나님을 온전히 표현할 수 없다.

그렇기에 하나님께서 자신의 피조물들에게 가까이 오시는 것은 놀라운 일이다. 우리는 하나님께서 우리에게 오시기 위해 자신을 얼마나 낮추셨는지 헤아릴 수 없다. 하나님께서 오셔서 왕과 왕비가 아닌 사회의 쓰레기 같은 자들을 끌어 안을 때 우리는 그분의 은혜 앞에서 할 말을 잃게 된다.

> 지극히 존귀하며 영원히 거하시며 거룩하다 이름하는 이가 이와 같이 말씀하시되 내가 높고 거룩한 곳에 있으며 또한 통회하고 마음이 겸손한 자와 함께 있나니 이는 겸손한 자의 영을 소생시키며 통회하는 자의 마음을 소생시키려 함이라 (사 57:15).

2) 하나님은 영원한 행복에 있어서 우리보다 높은 분이시다

하나님은 행복하기 위해 그 누구도, 다른 어떤 것도 필요치 않은 분이시다. 성부, 성자, 성령님은 항상 만족하셨고, 앞으로도 영원토록 만족하실 것이다. 삼위일체 안에는 완전한 사랑이 있다. 그러나 그 어떤 피조물도 스스로 만족할 수 없다. 우리는 모두 외부의 어떤 것에 의존한다. 즉, 우리는 모두 하나님께 의존한다.

하늘에 계신 그리스도 자신의 인간 본성은 스스로 만족하지 못한다. 그리스도는 하나님 안에, 하나님은 그리스도 안에 거하신다. 그리스도의 인간 본성은 우리와 마찬가지로 하나님으로부터 모든 선한 것을 받기 위해 전적으로 하나님께 의존하신다. 오직 하나님만 이 부족함이 없으시고, 아무 필요도 없으시다. 그 누구도 하나님께 그 어떤 것도 더할 수 없다.

> 또 무엇이 부족한 것처럼 사람의 손으로 섬김을 받으시는 것이 아니니 이는 만민에게 생명과 호흡과 만물을 친히 주시는 이심이라(행 17:25).

이 사실이 어떻게 하나님의 아들의 영광을 강조하는지 알 수 있겠는가?

만일 그리스도께서 하나님으로서 자신의 본성에 그토록 무한하고 흔들림 없이 행복하시고 만족하셨다면, 우리의 연약한 인간 본성을 취하여 얻을 수 있었던 것은 무엇인지 생각해 보라. 하나님이신 그리스도는 피조물보다 더 높은 존재이시기 때문에 자신의 피조물을 배려하는 것은 자신을 낮추시는 겸손의 행위임을 기억하라.

그리스도께서 우리를 구원하시기 위해 우리의 본성을 취하신 것보다 더 큰 것은 없다. 그것은 자신을 위해서는 그 어떤 배려도 없는 행위였다. 왜냐하면, 그리스도께서 얻으실 것은 전혀 없었기 때문이다. 그것은 궁극의 이타적 행동이었다.

5. 그리스도는 어떻게 내려오셨을까?

우리는 믿음으로 그리스도의 영광을 최대한 많이 보기를 원한다. 우리를 위해 이 땅에 내려오신 그리스도의 영광을 보기 위해서는 보기 위해서는 그분이 어떻게 내려오셨는지 이해하는 것이 도움이 된다. 이에 대한 오해는 사도 시대부터 교회를 괴롭혀 왔으므로 먼저 몇 가지 오해를 없애는 것부터 시작하도록 하겠다.[32]

1) 하나님의 아들이 사람이 되셨을 때 그분은 결코 하나님이심을 멈추지 않으셨다

성경은 그리스도께서 영원 전부터 하나님이심을 분명히 가르친다. 시간이 시작되기 전부터 그리스도는 하나님과 함께 계셨으며 그리스도는 하나님이셨다(요 1:1).

바울이 하나님의 아들의 내려오심에 대해 이야기할 때 "그는 하나님과 동등됨을 취할 것으로 여기지 아니하시고"(빌 2:6)라고 말한다. 이 말은 그리스도께서 이 땅에 내려오시기 전에 하나님과 동등하셨음을 의미한다. 이것은 바울이 같은 구절에서 그리스도를 묘사한 것

---

[32] 나는 단지 이것들을 지나가는 말로 언급할 수 있을 뿐이고, 당신이 그리스도를 더 분명하게 알게 될수록 더 자세히 탐구할 것이라고 믿는다. 이를 위해 Jack Rogers의 *Case Studies in Christ and Salvation* (Philadelphia: Westminster Press, 1977), 19-42와 Harold O. J. Brown의 *Heresies: The Image of Christ in the Mirror of Heresy and Orthodoxy from the Apostles to the Present* (Grand Rapids: Baker, 1984), 95-195를 추천한다.

처럼 "본질상 하나님"과 동일하심을 뜻한다. 이것이 바로 믿지 않는 유대인들이 견딜 수 없었던 내용이었고, 그들은 바로 이 이유로 예수님을 고발했다(요 5:18).

"본질상 하나님"(빌 2:6)이신, 하나님과 동등하신 그리스도는 "자기를 비워 종의 형체를 가지사 사람들과 같이 되셨다"(7절) 이것은 너무나도 영광스러운 낮아지심, 즉 그리스도는 하나님 되심을 그만 두신 것이 아니라, 하나님이셨을 때 인간의 본성을 취하셨다는 것이다. 그리스도는 하나님으로서 무한히 완벽하셨지만, 너무도 연약한 인간의 본성을 취하셨다.[33]

2) 하나님의 아들이 사람이 되셨을 때, 그분은 자신의 신적 본성을 인간 본성으로 바꾸지 않으셨다

어떤 사람들은 그리스도께서 물을 포도주로 바꾸신 것처럼 자신의 신적 본성을 인간 본성으로 바꾸셨다고 주장한다.

그렇다면 그리스도의 신적 영광은 어디에 있는가?

그들의 주장에 따르면 그리스도의 신적 본성은 인간의 본성으로 바뀌면서 완전히 파괴되었다.

---

[33] 빌립보서 2장 6-8절을 완전히 해석하는 것은 내 역량 (그리고 실력) 밖이다. 따라서 내가 본 최고의 주석, Moisés Silva의 *The Wycliffe Exegetical Commentary: Philippians* (Chicago: Moody Press, 1988), 112-26을 참고하라.

3) 하나님의 아들이 사람이 되셨을 때, 그분은 신성과 인성이 혼합된 새로운 본성을 만들지 않으셨다

어떤 사람들은 그리스도께서 코코아 가루와 우유처럼 두 본성을 혼합하여 신성도 인성도 아닌 제3의 본성을 만드셨다고 말한다. 만약 그리스도께서 그렇게 하셨다면 그분은 신성한 본성의 완전함이라는 영광에서 무언가를 빼앗아가셨을 것이다.

다시 말하지만, 그렇게 하는 것에 무슨 영광이 있겠는가?

하나님의 본성에는 변화의 "그림자"가 조금도 없다(약 1:17).

4) 하나님의 아들이 사람이 되셨을 때, 그분은 자신의 인간 본성 뒤에 신적 본성의 영광을 숨기셨다

만약 그리스도께서 결코 하나님이시기를 멈추지 않으셨고, 하나님의 본성을 결코 바꾸지 않으셨다면, 그분은 어떤 의미에서 자신의 신성과 관련하여 "내려오셨다"고 할 수 있을까?

바울은 그리스도께서 "자기를 낮추시고" "자신을 비우셨다"(빌 2:7-8)라고 말한다. 즉, 그리스도께서는 자신이 하나님이라는 사실을 이용하지 않으셨다.[34] 그분은 자신의 신성한 본성의 영광은 인간의

---

[34] 바울의 목적의 맥락에서 빌립보서 2장 6절과 2장 5절을 비교하라. 바울은 우리에게 이기적으로 행동하지 말라고 가르치고 있으며, 그리스도께서 어떻게 이기적으로 행동하기를 거부하셨는지를 보여 주고 있다. 겸손하신 그리스도는 자신의 유익을 위해 하나님과 동등됨을 사용하지 않으셨다.

본성 안에 감추어 그 영광이 겉으로 드러나지 않게 하셨다.

그리스도의 신적 영광은 너무나 가리워져 있어서 세상은 예수님을 좋은 사람이라고 생각하지도 않았고, 하물며 우주의 신이라고는 더욱 생각하지 않았다!

5) 하나님의 아들이 사람이 되셨을 때, 그것은 단순히 겉모습만이 아니었다

사도 시대 직후 교회를 오염시킨 최초의 이단 중 하나는 그리스도께서 사람으로서 고난을 받으시고 행하신 모든 것이 마치 구약의 천사들이 사람의 모습으로 먹고 마신 것처럼 겉모습에 불과하다는 것이었다. 즉, 그들은 예루살렘에 있는 사람 예수 안에는 그리스도의 모습만이 있을 뿐, 그리스도는 사람인 예수 안에서 결코 고통받지 않았다고 주장했다.

그러나 초기 그리스도인들은 이 이단들을 향해 당신들은 상상 속의 그리스도와 상상 속의 구원을 찾아낸 것이라고 대답했다.

6. 그리스도 강림의 영광

그리스도께서 사람이 되셨을 때 그분은 인간 본성 전체를 취하셨으며 인간 본성을 단지 영적인 것으로 바꾸지 않으셨다. 그리스도께서는 진짜 살과 피를 취하셨고, 슬퍼하고 부서질 수 있는 진짜 인간의 마음을 취하셨다. 그분이 고통받으실 때, 시험과 유혹을 받고, 버림받으실 때 그리스도께서 느끼셨던 것은 당신이나 내가 고통당할 때와 마찬가지였다.

만약 나에게 천사의 펜이 있다 하더라도 이 강림의 영광을 결코 충분히 표현할 수 없을 것이다. 그리스도의 강림은 아버지의 지혜와 아들의 사랑에 대한 말로 다할 수 없는 최고의 사역이며, 하나님께서 우리를 돌보신다는 가장 확실한 증거이다.

무엇이 그리스도의 강림과 필적할 수 있을까?

그리스도의 강림을 무엇과 비교할 수 있을까?

그리스도의 강림은 기독교의 햇빛이며, 생명을 주는 복음의 영혼이다. 그리스도의 강림은 오직 믿음과 동경의 대상이 될 때까지 우리의 이성과 이해를 뛰어넘는 하나님의 지혜의 신비를 지니고 있는 것으로 하나님의 위대함에 걸맞은 신비이다(욥 11:7-9; 롬 11:33-36).

영원하신 하나님이시며, 성부와 성령만큼이나 신성한 사람이시며, 하늘과 땅에 있는 것들을 보기 위해 자신을 낮추셔야 하는(시 113:6) 그분은 인간의 본성을 자기의 것으로 취하셨다. 그때부터 그리스도는 하나님과 다름없는 사람이셨다. 이 신비의 경이로움을 배가시키기 위해 그분은 멸시와 배척을 당하는 사람이 되기까지 자신을 낮추셨다(사 53:3; 요 1:11).

나는 이 진리를 성경에 계시된 대로 설명하려고 노력하고 있으며, 신자들은 계시된 대로 이 진리를 믿음으로 붙잡기 위해 노력한다. 그러나 우리가 이 진리에 관한 확고하고 직접적인 관점에 가까워지게 되면 우리는 노력을 포기하고 절망하게 된다. 우리가 찾을 수 있는 유일한 안식은 우리가 이해할 수 없는 그 진리를 동경하고 숭배하는 것뿐이다. 우리는 어찌할 바를 모른 채 우리가 이 세상에 존재하는 한 계속 그럴 것임을 알고 있다.

그러나 우리가 알아야 할 것은 우리가 절망 중에도 우리를 위해 내려오시는 하나님의 아들에 대한 거룩한 예배에 빠져들 때, 하나님은 우리에게 은혜와 유익을 부어 주신다는 것이다.

여기서 우리는 우리의 성소, 확실한 피난처를 발견한다.

고통받는 사람들은 성소에서 무엇을 찾을까?

그들이 찾는 것은 그들의 필요를 충족시키는 공급, 모든 두려움으로부터의 구원, 모든 위험에 대한 방쇄이다. 죄에 쫓겨 죄책감과 하나님의 진노를 피해 도망치면서 죄의 족쇄를 떨쳐 버리지 못하는 영혼들은 그들의 성소가 되기 위해 내려오시는 그리스도 안에서 그들의 공급자, 구원자, 보호자를 발견한다(히 6:18).

당신은 어깨 위의 놓인 무거운 죄짐을 느끼고 있는가?
당신은 유혹에 사로잡혀 있는가?
당신은 영적 대적의 억압 아래 짓눌려 있는가?

당신을 위해 내려오시는 그리스도의 영광을 단 한 번만이라도 경험한다면 그 영광은 당신의 힘이 되며 당신을 구원할 수 있다.

우리를 도와줄 누군가를 찾을 때마다, 두 가지를 알아야 한다.

그는 나를 도울 의향이 있는가?

그는 나를 도울 능력이 있는가?

둘 중 하나만 있다면 감동적이거나 달콤할 수는 있어도 우리에게 참된 위로를 주지는 못한다. 그러나 우리는 그리스도 안에서 이 둘 모두를 발견하게 된다. 그리스도께서 우리를 위해 모든 일을 하실 것이다. 그리스도께서는 자신의 존재와 자기 만족에 있어서 자신의 영광이라는 특권에서 무한히 물러나심으로 자신을 비우고 낮추셨다.

> 그런 그리스도께서 모든 고난 가운데서 우리를 구원하지 않으실 수 있을까?
> 그리스도께서 우리에게 필요한 모든 것을 공급해 주지 않으실 수 있을까?
> 그리스도께서 우리의 피난처가 되어 주지 않으실 수 있을까?

우리는 우리를 도우시는 그리스도의 능력을 의심할 이유가 없다. 왜냐하면, 고난당하는 사람이 되기 위해 내려오셨음에도 그분은 하나님으로서의 권능과 지혜와 은혜를 포기하지 않으셨기 때문이다.

그리스도는 영원 전부터 하나님으로서 하실 수 있는 모든 것을 여전히 하실 수 있었다. 그러므로 우리를 위해 내려오신 분으로서 그리스도의 영광을 볼 때 우리는 그분을 경배하고 우리의 피난처를 찾게 된다.

우리는 "말할 수 없는 영광스러운 즐거움으로 기뻐한다"(벧전 1:8).

이후에 교회에서 사도신경을 외우면서 하품을 하고 있는 당신 자신을 발견한다면 그 하품을 당장 멈추도록 하라. 그리고 사도신경의 단어들을 생각해 보라. 우리와 우리의 구원을 위해 "그분이 강림하셨다"는 말의 의미를 생각해 보라.

[반성과 토론을 위하여]

1. 그리스도는 교회의 신랑이시며, 교회는 그리스도의 아름다운 신부이다. 그리스도의 신부로서 아가서 5장 9절에 나오는 사랑하는 사람의 질문에 답해 보라.

   "여자들 가운데에 어여쁜 자야 너의 사랑하는 자가 남의 사랑하는 자보다 나은 것이 무엇인가?"

2. 그리스도는 언제나 하나님이셨고, 하나님이심을 멈추지 않으셨다는 사실을 아는 것이 왜 중요한가?

3. 그리스도께서 진짜 사람이 되셨다는 것을 아는 것이 왜 중요한가?

4. 제4장에서 우리는 그리스도께서 우리를 위해 내려오신 것을 성찰함으로 우리에게 유익이 있음을 배웠다. 즉, 우리는 그리스도

안에서 우리의 피난처를 찾게 된다.

이 성찰을 통해 얻을 수 있는 다른 유익은 무엇인가?

몇 가지 유익을 생각한 후에 고린도전서 5장 14절을 읽고 바울 말하고 있는 것이 무엇인지 생각해 보라.

고린도전서 5장 14절을 통해 얻은 유익은 무엇인가?

5. 이 제안은 조금은 지나친 감이 있지만 분명 당신에게 도움이 될 것이다. 유사 종교로 여겨지는 현대 종교를 선택하라(월터 마틴의 『컬트의 왕국』〈The Kingdom of the Cults〉을 참조해도 좋다). 그 종교가 그리스도에 대해 무엇을 가르치는지 알아보라. 만약 그들이 그리스도를 하나님이자 인간이 아닌 다른 존재라고 가르친다면, 그들이 어떻게 그리스도의 영광을 앗아갔는지 설명하라.

다른 모든 사랑은 달과 같네.
처음에는 초승달처럼 시작하다가 점점 작아지고,
꽃은 피어나도 곧 시들어 버리며,
비 속에서 흘러가는 하루처럼 사라지네.

다른 모든 사랑은 의연하게 시작되지만,
그 끝은 고통과 눈물이라네.
그 어떤 사랑도 그 고통을 달래 줄 수 없네.
그러나 천국의 왕은 그 모든 고통을 품으신다네.

영원히 샘솟고, 언제나 새로우며,
항상 새로운 달콤함, 새로운 세기가 흘러나오는
영원히 충만한 보주(寶珠, 역자주: 왕권을 상징한다)는 약해지지 않네.

이 사랑 때문에 나는 다른 모든 것을 버렸네.
어디에서 당신을 찾을 수 있는지 내게 말해 주소서![35]

---

35 Donald Davie ed., *The New Oxford Book of Christian Verse* (Oxford: Oxford University Press, 1981), 7에서 Donald Davie가 번역한 14세기의 작자 미상의 시에서 발췌.

제5장
사랑의 강

> 이것은 값없이 주어진 사랑이기에
> 당신이 자랑할 이유는 없습니다.
> 그분은 아무런 이유 없이 당신을 사랑하셨습니다.
> 왜냐하면, 당신을 사랑하셨기 때문입니다.
> 오, 그리스도께서 당신에게 사랑을 베푸셨을 때
> 당신의 영혼은 얼마나 어두웠던가요!
> - 로버트 머리 맥체인 -

1. 하나님은 왜 사람이 되셨는가?

11세기에 안셀름은 "쿠르 데우스 호모"(*Cur Deus Homo*), "하나님은 왜 사람이 되셨는가"를 설명하기 시작했다. 그는 믿는 형제 자매들을 위해 "그들이 믿는 것을 깨닫고 묵상함으로써 기쁨을 얻을 수 있다"고 썼다. 그의 책은 이제 교회의 보물창고에 간직된 보석이다. 그는 신인(God-man) 외에 그 어떤 존재도 우리를 죄에서 구속하고 우리를 구원할 수 없다는 것을 훌륭하게 보여 주었다.

안셀름은 하나님의 아들이 사람이 되신 것은 우리를 구원하기 위해서는 그 방법 외에 다른 방법이 없었기 때문임을 보여 주었다. 그러나 우리가 그리스도께 왜 사람이 되셨는지 그 이유를 묻는다면(왜 사람이 되셔야만 했는지가 아니라 왜 사람이 되기를 원하셨는가를 묻는다면) 그리스도의 대답은 사랑이라는 한 단어로 요약될 수 있다.

> 이제 내가 육체 가운데 사는 것은 나를 사랑하사 나를 위하여 자기 자신을 버리신 하나님의 아들을 믿는 믿음 안에서 사는 것이라(갈 2:20).

> 그가 우리를 위하여 목숨을 버리셨으니 우리가 이로써 사랑을 알고(요일 3:16).

> **우리를 사랑하사** 그의 피로 우리 죄에서 우리를 해방하시고 그의 아버지 하나님을 위하여 우리를 나라와 제사장으로 삼으신 그에게 영광과 능력이 세세토록 있기를 원하노라 아멘(계 1:5-6).

우리가 그리스도의 영광을 바라볼 때, 그리스도의 사랑에서 벗어나기란 어렵다. 그러나 그 영광 속에 흐르는 그리스도의 사랑이라는 시원한 강물에 손을 담그기 전에, 그 근원을 찾아 강의 상류로 올라가 보자.

2. 영원한 사랑의 샘

우리에 대한 그리스도의 사랑은 자기 백성에 대한 아버지의 영원한 사랑에서 비롯된다. 성경은 우리를 모든 소망과 기쁨의 확실한 근원인 이 사랑의 샘으로 거듭거듭 되돌아가게 한다.

아버지의 사랑은 "창세전에"(엡 1:4) 무엇을 하기로 결심하셨는지, 그리고 아들을 보내 그 일을 실행하신 방법(요3:16)을 통해 영원히 드러난다. 우리는 여기서 삼위일체이신 하나님의 이루 말할 수 없는 사랑을 보게 된다.

사랑에 빠진 아버지는 우리를 구원하기로 결심하시고, 사랑에 빠진 아들은 우리를 구원하기 위해 피를 흘리시고, 사랑에 빠진 성령은 그리스도의 피로 우리를 깨끗하게 씻어 우리가 진정으로 구원받게 하신다.

> 주께서 사랑하시는 형제들아 우리가 항상 너희에 관하여 마땅히 하나님께 감사할 것은 하나님이 처음부터 너희를 택하사 성령의 거룩하게 하심과 진리를 믿음으로 구원을 받게 하심이니(살후 2:13).

> 예수 그리스도의 사도 베드로는 본도, 갈라디아, 갑바도기아, 아시아와 비두니아에 흩어진 나그네 곧 하나님 아버지의 미리 아심을 따라 성령이 거룩하게 하심으로 순종함과 예수 그리스도의 피 뿌림을 얻기 위하여 택하심을 받은 자들에게 편지하노니 은혜와 평강이 너희에게 더욱 많을지어다(벧전 1:1-2).

우리를 구원하시려는 아버지의 결심이 사랑이라 불리는 이유는 아버지가 우리를 '있는 그대로' 사랑하시기 때문이 아니다. 아버지는 우리를 너무나 사랑하셨기 때문에 우리를 있는 모습 그대로 내버려 두실 수 없었다. 사실 아버지의 계획에는 우리를 변화시키시고 아버지가 받아들이실 수 있는 새로운 피조물로 만드는 것이 포함되어 있었다. 그러나 그것을 사랑이라고 부르는 것은 다음과 같은 이유 때문이다.

1) 우리를 구원하시려는 아버지의 결심은 사랑이라는 아버지의 본성에서 비롯된다

하나님은 사랑이시다(요일 4:8-9).

영원한 하나님의 의지적 행위로서 하나님이 우리를 선택하신 이유는 오직 하나님 자신이 누구신가에 의해서만 가능하다. 왜냐하면, 영원이라는 시간 속에서 하나님의 사랑의 원인이 될 수 있는 그 어떤 것도 존재하지 않았기 때문이다. 그리고 우리를 구원하시려는 하나님의 결심은 하나님의 모든 성품을 보여 주지만, 그중에서도 가장 명확하게 드러나는 것은 바로 하나님의 사랑이다.

그렇다. 우리를 구원하시는 하나님의 행위는 하나님의 의로우심, 거룩하심, 지혜, 선하심, 진리, 즉 하나님이 가지신 모든 것을 표현하고 있다. 그러나 무엇보다 가장 특별하게 선언하는 것은 하나님이 사랑이시라는 사실이다.

2) 우리를 구원하시려는 아버지의 결심은 거저이며 우리는 그것을 받을 자격이 없다

하나님은 우리가 태어나기 훨씬 전부터 영원토록 우리를 사랑하기로 선택하셨다. 하나님은 우리 안에 하나님의 사랑을 불러일으킬 수 있는 어떤 선한 것이 있기 전에 우리를 선택하셨다(롬 9:11).

우리에게는 하나님의 사랑을 얻을 방법이 전혀 없다. 그렇기 때문에 하나님께서 우리를 선택하신 이유는 우리가 아닌 하나님에게서 비롯된 것임에 틀림없다. 사실 우리 안에 있는 사랑스러운 것은 그것이 무엇이든 간에 우리를 구원하시려는 하나님의 사역의 결과이다.

> 곧 창세전에 그리스도 안에서 우리를 택하사 우리로 사랑 안에서 그 앞에 거룩하고 흠이 없게 하시려고(엡 1:4).

3) 우리를 구원하시려는 아버지의 결심은 이루 말할 수 없는 사랑의 연쇄반응을 일으켰다

하나님은 다양한 사랑의 행위로 우리를 구원하신다. 잠시 멈추고 하나님께서 당신을 구원하시기 위해 당신을 대신해서 행하신 일련의 사역들을 생각해 보라. 영원 전부터 당신을 구원하기로 결심하신 하나님께서 하신 일을 생각해 보라. 아들을 통해 당신을 구원하시려는 하나님의 지혜로운 계획의 신비를 생각해 보라.

당신을 구원하시기 위한 하나님의 준비, 즉 하나님께서 언약을 통해 이스라엘과 세우신 모든 준비작업을 생각해 보라. 당신을 위해 매우 기뻐하시는 사랑하는 아들에게서 기꺼이 등을 돌리신 하나님을 생각해 보라. 그리스도를 죽은 자 가운데서 살리시고 자기 우편에 앉히시고 당신이 끝날까지 견딜 수 있도록 당신을 위해 기도하게 하시는 하나님의 능력을 생각해 보라.

> 하나님이 세상을 이처럼 사랑하사 독생자를 주셨으니 이는 그를 믿는 자마다 멸망하지 않고 영생을 얻게 하려 하심이라(요 3:16).

> 옛적에 여호와께서 나에게 나타나사 내가 영원한 사랑으로 너를 사랑하기에 인자함으로 너를 이끌었다 하였노라(렘 31:3).

> 찬송하리로다 하나님 곧 우리 주 예수 그리스도의 아버지께서 그리스도 안에서 하늘에 속한 모든 신령한 복을 우리에게 주시되 곧 창세전에 그리스도 안에서 우리를 택하사 우리로 사랑 안에서 그 앞에 거룩하고 흠이 없게 하시려고 그 기쁘신 뜻대로 우리를 예정하사 예수 그리스도로 말미암아 자기의 아들들이 되게 하셨으니 이는 그가 사랑하시는 자 안에서 우리에게 거저 주시는 바 그의 은혜의 영광을 찬송하게 하려는 것이라(엡 1:3-6).

> 사랑하지 아니하는 자는 하나님을 알지 못하나니 이는 하나님은 사랑이심이라 하나님의 사랑이 우리에게 이렇게 나타난 바 되었으니 하나님이 자기의 독생자를 세상에 보내심은 그로 말미암아 우리를 살리려 하심이라 … 하나님이 우리를 사

랑하시는 사랑을 우리가 알고 믿었노니 하나님은 사랑이시라 사랑 안에 거하는 자는 하나님 안에 거하고 하나님도 그의 안에 거하시느니라(요일 4:8-9, 16).

성경에 펼쳐진 아버지의 사랑의 역사에 대한 생각만으로 멈추지 말고, 그 사랑의 행위들이 당신의 삶을 통해 어떻게 확장되는 지 생각해 보라.

> 하나님은 당신을 기독교 가정에서 태어나게 함으로써 당신에게 하나님의 사랑을 보여 주셨는가?
> 하나님은 당신을 예수님께로 인도하기 위해 정확히 알맞은 때에 친구를 당신의 삶에 보내 주셨는가?
> 당신이 목숨을 잃을 위기에 처했을 때 하나님은 당신에게 손을 내밀어 주셨는가?

당신의 삶 속에 있는 하나님의 은혜에 대한 간증은 하나님께 올려 드리는 찬양의 제물이 될 수 있으며, 하나님의 영광을 보는 방법이 될 수 있다.

3. 역사 속에 흐르는 사랑의 강

우리를 구원하시려는 아버지의 계획을 생각하는 것만으로도 우리의 마음은 오래도록 계속 해서 감격으로 가득 차게 된다. 그러나 우리의 목표는 그리스도의 영광을 성찰하는 것이며, 아버지께서 그리스도를 통해 아버지의 모든 사랑의 계획을 이루셨다는 사실은 우리 눈에 영광스러운 일이다. 아버지의 사랑은 솟아오르는 샘이지만 그 사랑의 물결은 오직 한 분, 그리스도를 통해서만 우리에게 흐른다. 그리스도를 통하지 않고는 아버지의 사랑을 결코 알 수 없다.

그리스도의 사랑을 깊이 성찰하기 위해 역사 속에 흐르는 그 사랑의 강줄기를 따라가 보자.

처음 하나님의 모든 백성은 하나님의 형상대로 지음 받았다. 따라서 그들은 하나님을 사랑했으며 또한 하나님의 사랑을 받았다. 그들의 존재, 소유, 바라던 모든 것은 하나님의 선하심과 사랑에서 비롯되었다. 그들이 내쉬는 모든 호흡은 하나님에 대한 사랑이었다. 그것은 지상낙원, 즉 천국에서 있을 영원한 사랑의 삶을 위한 준비였다.

그러나 그들은 죄로 말미암아 이 사랑의 낙원에서 떨어져 나왔다. 그들은 선악과를 먹음으로 하나님을 사랑하는 자에서 하나님의 원수가 되었다. 그들은 자신들(그리고 우리)에게 모든 비참함을 초래했다. 그것은 시작과 끝이 있는 이생에서의 슬픔뿐만 아니라, 지옥에서의 끝없는 비참함이라는 위협까지 포함된다.

우리가 그토록 비참한 상태에 있을 때, 그리스도 안에서 우리를 향하신 하나님의 첫 번째 사랑의 행위는 연민과 동정이었다. 성경은 신성한 기사(Knight)가 어떻게 우리의 외침, 위험에 빠진 소녀(damsel in distress, 역자주: 오래된 문학적 테마로 젊은 여자가 악당이나 괴물, 마녀에게 붙들려 고통을 당하고, 그 여인을 영웅이 구하러 간다는 내용을 말한다)의 울음소리를 듣고 조치를 취하는 모습을 찬양한다.

> 자녀들은 혈과 육에 속하였으매 그도 또한 같은 모양으로 혈과 육을 함께 지니심은 죽음을 통하여 죽음의 세력을 잡은 자 곧 마귀를 멸하시며 또 죽기를 무서워하므로 한평생 매여 종노릇하는 모든 자들을 놓아주려 하심이니(히 2:14-15).

> 그들의 모든 환난에 동참하사 자기 앞의 사자로 하여금 그들을 구원하시며 그의 사랑과 그의 자비로 그들을 구원하시고 옛적 모든 날에 그들을 드시며 안으셨으나 … (사 63:9).

우리가 그리스도의 소중한 존재가 되었을 때, 그분은 상상할 수 없을 만큼 기뻐하시며 우리를 위한 사역을 담당하셨다(잠 8:30-31 비교). 그리스도의 이런 연민과 기쁨은 어디에서 온 것일까?

스스로 만족하는 영원의 축복을 받은 그리스도께서 그토록 무력하고 비참한 피조물에 관심을 갖게 된 이유는 무엇일까?

> 우리를 구원하시되 우리가 행한 바 의로운 행위로 말미암지 아니하고 오직 그의 긍휼하심을 따라 중생의 씻음과 성령의 새롭게 하심으로 하셨나니(딛 3:5).

자기 백성을 구원하기를 열망하는 아들은 아버지로부터 인류를 구원할 수 있는 방법을 듣게 된다. 그 길은 가장 어두운 고난의 심장부를 지나는 것이다. 물론, 그 어떤 길도 하나님이신 아들을 머뭇거리게 할 수는 없을 것이다.

그러나 이 계획은 그리스도께서 인간의 본성으로 수행해야 했기 때문에 어렵다. 이 계획은 그리스도께서 우리를 향해 끝없이 연민을 베푸시다가, 정작 자신이 가장 절실하게 위로와 연민이 필요할 때 아무도 없이 홀로 남겨지는 것을 요구했다. 이 계획은 그리스도께서 우리를 구원하시려는 기쁨을 좇으시되, 결국 자기 영혼이 슬픔에 짓눌려 부서질 때까지 이르도록 했다.

이 계획은 그리스도께서 우리가 겪어야 할 고통을 겪음으로써 우리의 고통을 덜어주어야 한다는 것이었다. 그러나 이 어려움 중 어느 것도 그리스도께서 우리를 위해 사랑과 자비를 베푸시는 이 사역을 감당하는 것을 막지 못했다. 오히려 그분의 사랑은 허리케인이 몰고 오는 파도처럼 이 계획에 응답했다. 이 계획을 들은 그분은 말씀하셨다.

> 이에 내가 말하기를 하나님이여 보시옵소서 두루마리 책에 나를 가리켜 기록된 것과 같이 하나님의 뜻을 행하러 왔나이다 하셨느니라 (히 10:7; 사 50:5-7 비교).

그래서 아버지는 아들을 위해 몸을 준비하셨다. 이 몸으로[36] 아들

---

36 여기서 "몸"은 그리스도의 모든 인간 본성, 신체, 영을 나타낸다.

은 사랑의 사명을 수행하셔야 했다. 아버지는 오직 이 사역을 위해서만 아들에게 인간 본성을 주셨고, 한량없는 은혜로 충만하게 하셨다.

당신은 그리스도의 이 영광스러운 사랑이 단순히 신적인 사람의 사랑이 아님을 알 수 있겠는가?

아버지의 사랑은 하나님의 사랑이다. 이상하게 들릴지 모르지만, 그리스도의 사랑에는 하나님의 사랑보다 더 많은 것이 내포되어 있다. 그리스도께서 우리를 사랑하실 때 그분은 하나님이시며 사람이셨다. 인간으로서 그리스도는 모든 장애물을 부수고 우리를 최대한 사랑하셨다. 즉, 우리를 위해 죽으셨다. 이것은 하나님이 (혼자서는) 하실 수 없는 일이다.

이제 우리를 사랑하시는 그리스도에 대해 이야기할 때, 우리는 그분이 하나님으로서 우리를 어떻게 사랑하시는지, 인간으로서 우리를 어떻게 사랑하시는지 이야기할 수 있다. 즉, 그분의 인간적 행위와 신적 행위를 구별할 수 있다.

예를 들어, 인간 본성을 취하는 것은 형언할 수 없는 사랑의 행위였다(히 2:14, 17). 그리스도는 자신의 신적 본성으로 인간 본성을 취하셨다. 그리스도는 사람이 되시기 위해 반드시 해야 할 이 일을 행하셨기 때문에 자신의 신성한 본성으로 인간 본성을 취하셨다.

그리스도의 상상할 수 없는 사랑의 또 다른 행위는 우리를 위해 목숨을 버리신 일이다(요일 3:16). 이것은 그리스도의 인간 본성의 행위였다. 그러나 이 모든 행위에서 우리는 여전히 한 분의 사랑, 즉 예수 그리스도의 사랑에 대해 이야기하고 있다.

이 사람은 하나님이자 사람이시다(the God-man). 그래서 우리는 성경을 통해 하나님께서 우리를 위해 목숨을 바치시고 자신의 피로 교회를 사셨다고 말할 수 있다(행 20:28). 이 사랑이 그리스도의 영광이다. 이 사랑은 우리의 이해의 범위를 넘어서지만 우리는 믿음으로 이 사랑을 흠모할 수 있다.

4. 마음속에 그리스도의 사랑 정착시키기

우리가 이해할 수 있는 그리스도의 작은 사랑조차도 우리에게는 경이로운 것이다. 내가 바라는 것은 당신이 이 사랑을 꾸준히 끈기 있게 성찰하려는 마음을 갖는 것이다.

1) 당신의 마음이 항상 그런 멋진 생각을 할 준비가 되어 있도록 노력하라

당신의 생각이 육신의 덫에 걸리거나 세상의 필요를 초월할 수 없다면 그리스도의 사랑과 그 영광에 대한 감각을 계속 고수할 수 없을 것이다. 쥐가 보아뱀과 한 우리 안에서 살 수 없는 것처럼 그리스도의 사랑에 대한 높은 생각은 하수구에 사는 것 같은 생각을 품은 마음에서 살 수 없다. 뱀이 쥐를 집어삼키는 것처럼, 세속에 물든 마음은 아들을 바라보려는 미약한 첫 시도를 삼켜 버린다.

당신의 마음은 이 장에 인용된 성경 말씀을 읽을 때 그리스도의 품으로 달려갈 준비가 되어 있는가?

아니면 지금도 당신의 생각은 세상의 온갖 것들을 떠돌아다니고 있는가?

2) 그리스도의 사랑에 대한 막연한 개념에 만족하지 말라

사랑에 대한 막연하고 일반적인 생각으로는 그리스도의 영광을 온전히 깨달을 수 없을 것이다.

이탈리아가 남유럽에 있는 장화 모양의 나라라는 사실을 알고 있는 것만으로는 그 어떤 감동도 받을 수 없다. 그러나 단테의 집을 지나 플로렌스의 붐비는 좁은 거리를 걸으면서, 웃음 띤 상인이 만든 부드러운 젤라또를 맛보고, 피티 궁전(Palazzo Pitti)의 보볼리 정원 잔디 비탈 드러눕고, 아르노강 위로 드리워지는 저녁 노을을 보기 위해 두오모 대성당의 계단을 오를 때, 당신은 이탈리아의 아름다운 경관에 감동하게 될 것이다.

그리스도의 사랑을 보다 더 세밀하게 즐기도록 하라. 영광의 주님, 바로 하나님의 아들이 당신을 사랑하신다는 사실을 기억하라. 그리스도께서 당신을 너무나 사랑하신 나머지 당신을 위해 기꺼이 죽으셨다는 사실을 기억하라. 하나님이신 그리스도께서 영원 전부터 당신에게 부어 주신 지혜와 선하심과 은혜의 행위를 당신 스스로에게 하나하나 자세히 설명해 보라.

그리스도께서 한 인간으로서 당신에게 가지셨던 동정과 연민, 즉 당신을 향한 그리스도의 마음이 얼마나 따뜻했는지를 소리 내어 말해 보라(엡 3:19; 히 2:15-15; 계 1:5). 그리스도의 사랑이 얼마나 자유로우며, 그리스도가 아닌 다른 어떤 것도 강요하지 않는지, 그리고 당신이 그분의 사랑을 받을 자격이 얼마나 없는지에 대해 생각하라(요일 4:10).

사실 당신이 그리스도에게서 진정으로 받아 마땅한 것이 무엇인지 생각한다면 그것으로 인해 당신은 겸손하게 되고 당신의 마음은 그리스도 앞에서 녹을 수밖에 없다.

끝으로, 당신의 마음이 그리스도의 사랑을 맛볼 때까지 그리스도께로 움직이지 않는다면, 그리스도의 사랑에 대해 올바른 생각을 하는 것만으로 만족하지 말라. 만약 당신이 마음으로는 그리스도를 생각하기는 하지만, 당신의 마음이 냉랭하다면 그리스도에 대한 당신의 그 달콤한 생각들은 커피의 크림보다도 더 빨리 사라져 버릴 것이다.

그리스도는 우리의 영혼을 위한 양식이다. 그리스도의 사랑만큼 우리 마음에 영양을 공급하는 것은 없다. 우리는 항상 그리스도의 사랑을 갈망해야 한다.

그리스도의 사랑은 영광스럽다. 하나님의 어린양이 자신의 사랑을 보여 주기 위해 세상에 오시기 전에는 그 어떤 피조물도 그 사랑에 대한 꿈조차 꿀 수 없었다. 그리고 이제 그리스도께서 오셨다. 그분의 사랑은 우리가 할 수 있는 가장 높고 가장 좋은 생각보다 더 높기에 우리는 그 사랑에 경이로움을 느낄 수밖에 없다.

[반성과 토론을 위하여]

1. 그리스도는 교회의 신랑이시며, 교회는 그리스도의 아름다운 신부이다. 그리스도의 신부로서 아가서 5장 9절에 나오는 사랑하는 사람의 질문에 답해 보라.
   "여자들 가운데에 어여쁜 자야 너의 사랑하는 자가 남의 사랑하는 자보다 나은 것이 무엇인가?"

2. 그리스도만이 아버지의 사랑을 계시하신다는 사실에서 영광스러운 점은 무엇인지 설명해 보라.

3. 아들은 하나님이신 동시에 사람이기 때문에 아들의 사랑이 단순한 신의 사랑 그 이상이라는 말에 대해서 어떻게 생각하는가?

4. 하나님께서 당신을 구원하신 방법에 대한 찬양을 기도의 형태로 써 보라.
   당신의 삶에서 당신을 구원하는 믿음으로 이끌었던 그리스도의 사랑의 행위를 최대한 상세하고 자세하게 추적해 보라.

5. 예수님께서 당신에 대한 사랑의 사명을 수행하기 위해 인간 본성을 가지고 극복해야 했던 어려움과 고난을 다시 한번 구체적으로 열거해 보라. 이 목록을 열거하면서, 그리스도에 대해 어떤 마음을 갖게 되었는지 적어 보라.

제6장
예배 받으실 영웅

> 보라 영웅이 온다!
> 나팔을 불어라, 북을 울려라!
> - 토머스 모렐 -

1. 무엇이 영웅을 영광스럽게 만드는가?

만약 당신이 좋아하는 영웅이 있다면 그 영웅을 좋아하는 이유는 무엇인가?

뱀이 득실대는 영혼의 샘(Well of the Souls)으로 내려가는 인디애나 존스의 용기인가?

로이스와 지미를 향해 달려오는 기관차를 굉음과 함께 멈추게 하는 슈퍼맨의 힘인가?

아쟁쿠르 전투에서 수적으로 열세였던 자신의 군대에 용기를 북돋은 헨리 5세의 고귀함인가?

악당 모리어티의 뒤를 쫓는 셜록 홈즈의 재치인가?

아니면 완벽한 슈퍼 히어로인 닥 새비지(Doc Savage)의 대담함, 근육, 위엄, 두뇌의 조합인가?[37]

　당신의 마음속에 떠오르는 영웅적 특성이 무엇이든 간에 그 특성 중에 순종과 고통은 포함되지 않을 것이다. 그러나 우리가 그리스도를 승리의 영웅으로 여기는 이유는 하나님의 율법에 대한 순종과 우리를 위해 율법의 저주를 받으신 그분의 고난 때문이다.
　보이지 않는 영광이 그리스도의 모든 순종과 고난 속에서 그리스도를 둘러싸고 있었다. 만약 이 세상의 통치자들이 그 영광을 보았다면, 그들은 영광의 주님을 십자가에 못 박지 않았을 것이다(고전 2:8).
　그러나 극소수의 사람들만이 이 영광을 보았다. 그들은 "그의 영광, 아버지의 독생자의 영광"(요 1:14)을 보았다고 말했다. 그들은 다른 사람들이 그에게서 "고운 모양이나 풍채"가 없고, "흠모할 만한 아름다운 것"이 아무것도 보이지 않을 때(사 53:2), 이 영광을 보았다.
　이것은 오늘날에도 마찬가지이다. 그리스도의 영광을 보는 사람은 믿음으로 그 영광을 본다. 이 장에서는 믿음을 통해 우리를 위해 영웅적 순종과 고난을 받으신 그리스도의 영광의 드라마를 살펴보도록 하겠다.

37　물론, 내가 말하는 초인 새비지는 필립 호세 팔머(Philip Jose Farmer)가 현대적으로 그린 새비지가 아니라 1930년대에 케네스 로베슨(Kenneth Robeson)이 그린 닥 새비지이다(역자주: 닥 새비지는 1930년대와 40년대에 미국 잡지 「펄프 매거진」[pulp magazines]에 처음 등장한 가상의 남자 영웅으로 사람들이 원하는 것을 모두 갖춘 초인이다).

2. 순종으로 승리하신 우리의 영웅

우리의 영웅은 우리를 위해 순종하셨다. 순종은 영웅의 모습과는 거리가 있는 것처럼 들릴 수도 있다. 그러나 그리스도의 순종의 본질을 자세히 살펴보면 그리스도의 영광을 볼 수 있다.

1) 그리스도의 순종은 자유로웠다

하나님께 순종한다는 것이 무엇을 의미하는지 생각해 보라. 우리는 피조물이기 때문에 우리의 창조주이신 하나님께 순종해야 한다. 우리는 자율적 존재가 아니다. 아무리 육신이 원한다 해도, 우리는 그냥 하나님의 법을 벗어나 사는 것을 선택할 수 없다.

그러나 이런 의무 아래 있기 때문에 우리의 순종은 고집 센 당나귀처럼 굴레와 고삐에 얽매이지 않고 마음으로 자유롭게 순종할 때 아름다울 수 있다(시 32:9). 아버지가 허리띠를 들고 뒤에 서 있기 때문에 동생에게 "미안하다"고 말하는 아이는 진심에서 우러나온 순종을 한 것이 아니다. 그런 "순종"에는 영광이 없다.

그러나 하나님의 아들이 처한 상황은 우리와 달랐다. 그렇기 때문에 아들의 순종은 우리의 순종과는 비교될 수 없다. 태초에, 인간이 되시기 전에, 하나님의 아들은 피조물이 아니셨다. 따라서 우리처럼 본래부터 율법의 지배를 받으시는 분이 아니셨다.

사실 그분은 율법의 주인이셨다. 그런 분이 "하나님이여 보시옵소서 두루마리 책에 나를 가리켜 기록된 것과 같이 하나님의 뜻을 행하러 왔나이다"(히 10:7)라고 말씀하셨을 때, 그분은 율법에 자신을 복종시키기로 의식적이고 자유로운 선택을 하셨다. 그러므로 우리는 그리스도는 마땅히 해야 했기 때문에 순종하신 것이 아니라, 순종하기 원하셨기 때문에 순종하셨다고 말할 수 있다.

이 선택은 그리스도의 순종의 영광으로 시작되었다. 이 선택에 담긴 지혜, 은혜, 사랑, 겸손은 그리스도의 모든 순종의 행위를 생동감 있게 만들었으며, 이는 하나님을 기쁘시게 하고 우리에게 유익이 되었다. 자신을 위해 율법을 지킬 필요가 없으신 그리스도께서 다른 사람들을 위해 율법을 지키셨다.

예를 들어, 예수님께서 요한에게 세례를 청하셨을 때, 예수님께는 회개할 죄가 없으셨음을 알았던 요한은 처음에는 그 요청을 거절하였다. 그러나 예수님은 "이제 허락하라 우리가 이와 같이 하여 모든 의를 이루는 것이 합당하다"(마 3:15)라고 말씀하셨다. 왜냐하면, 우주의 주님이신 분이 세심하고 철저한 순종을 함으로 영광스러운 은혜를 드러내시기 때문이다.

2) 그리스도의 순종은 자신을 위한 것이 아니라 우리를 위한 것이었다

우리는 순종해야 했지만 순종할 수 없었고, 그리스도는 (자유로운 선택을 제외하고는) 순종할 의무가 없었지만 순종하셨다. 하나님께서는 그리스도께 이 영광, 즉 그리스도는 온 교회를 위해 순종하셨고, 그분의 순종을 통해 많은 사람이 의롭게 되는 영광을 주셨다. 한 사람의 온전한 순종이 온 교회를 구원할 수 있다는 것은 영광스러운 일이다.

3) 그리스도의 순종은 율법에 있는 하나님의 거룩하심을 완벽하고 완전하게 나타냈다

하나님의 거룩하신 영광은 돌판에 십계명을 기록하실 때 율법에 나타나 있었다. 하나님의 거룩하신 영광은 하나님께서 신자들의 마음에 율법을 기록하실 때 더욱 찬란하게 드러난다. 그러나 우리가 가진 유일하게 완전하고 완벽한 모범은 하나님의 명령의 세세한 것 하나까지 모두 응답하신 그리스도의 거룩함과 순종이다.

4) 그리스도는 극심한 억압과 반대에도 불구하고 순종하셨다

그리스도께서는 그리스도인들에게 여전히 남아 있어 우리로 하여금 완전한 순종을 불가능하게 만드는 죄악된 육신으로부터 자유로우셨지만, 우리 모두가 평생 겪을 것보다 더 많은 외부적인 반대, 즉 유혹, 고난, 공격, 부인을 당하셨다. 그래서 성경은 그리스도를 가리켜 "그가 아들이시면서도 받으신 고난으로 순종함을 배워서"(히 5:8)라고 말씀하신다.

그리스도는 순종하는 법을 배우신 것이 아니라 순종하는 데 드는 비용이 얼마인지를 배우셨다. 그리스도는 피를 흘리기까지 유혹에 대항하셨다. 하나님의 가장 작은 명령을 어기느니 차라리 천 번의 죽음을 원하셨다(히 12:1-4 비교).

5) 이 영광은 하나님께 순종하신 분이 누구신지를 생각할 때 가장 밝게 빛난다

그분은 다름 아닌 사람을 만드신 하나님의 아들, 하나님이자 사람이시다. 하늘에 계신 그분은 무엇보다 만유의 주가 되시는 동시에 세상에서 이름 없는 사람으로 사시면서 하나님의 율법에 가장 엄격하게 순종하는 길을 걸으셨다.

경건한 사람들이 그분께 기도했지만, 그분은 친히 밤낮으로 기도하셨다. 하늘의 모든 천사와 모든 피조물이 그분을 경배했지만, 그분은 계속해서 하나님을 경배하는 모든 의무를 수행하셨다. 그리스도는 집의 주인이면서도 집안에서 가장 낮은 종의 직분을 성실하게 수행하셨다.

그분은 모든 사람을 지으시고, 마치 토기장이의 손에 있는 진흙같이 그들을 그분의 손으로 다스리셨음에도 불구하고 사람으로서 그들 가운데 거하시면서 모든 사람에게 자신이 받아야 할 것을 주셨으며, 그 이상으로 자비와 친절을 베푸셨고, 사람들이 마땅히 받을 자격이 없는 좋은 것들까지 주셨다. 이 사실은 그리스도의 순종을 신비롭고 영광스럽게 만든다.

3. 고난으로 승리하신 우리의 영웅

선지자들은 종종 그리스도의 사역을 승리, 성공, 영광스러운 환희의 관점에서 묘사한다.

> 에돔에서 오는 이 누구며 붉은 옷을 입고 보스라에서 오는 이 누구냐 그의 화려한 의복 큰 능력으로 걷는 이가 누구냐 그는 나이니 공의를 말하는 이요 구원하는 능력을 가진 이니라
> 어찌하여 네 의복이 붉으며 네 옷이 포도즙틀을 밟는 자 같으냐
> 만민 가운데 나와 함께 한 자가 없이 내가 홀로 포도즙틀을 밟았는데 내가 노함으로 말미암아 무리를 밟았고 분함으로 말미암아 짓밟았으므로 그들의 선혈이 내 옷에 튀어 내 의복을 다 더럽혔음이니
> 이는 내 원수 갚는 날이 내 마음에 있고 내가 구속할 해가 왔으나
> 내가 본즉 도와주는 자도 없고 붙들어 주는 자도 없으므로 이상하게 여겨 내 팔이 나를 구원하며 내 분이 나를 붙들었음이라 (사 63:1-5).

그러나 그분은 엠마오로 가는 길에서 제자들에게 말씀하신 대로 승리로 찬양받으시기 전에 고난을 받으셔야 했다.

> 그리스도가 이런 고난을 받고 자기의 영광에 들어가야 할 것이 아니냐 하시고 (눅 24:26; 마 16:21; 막 8:31; 눅 9:22; 17:25 참조).

그리스도의 고난을 생각하기 시작하면, 우리의 마음은 이내 움츠러든다. 그리스도께서 얼마나 많은 고난을 겪으셨는지 충분히 상상할 수조차 없다는 것을 느끼기 때문이다.

그리스도의 고난을 묵상한 모든 사람이 즉시 깨닫는 것은 자신의 능력으로는 그 영광의 깊이를 도저히 헤아릴 수 없다는 것이다. 이 장에서 나는 우리 주님의 고난의 영광을 겨우 일부만 가리킬 뿐이다. 그 고난의 방대한 부분은 여전히 베일 뒤에 가려져 있어야 할 것이다.

율법의 저주 아래, 즉 하나님의 진노 아래 계신 주 예수님을 생각해 보라. 하나님께서 죄 또는 죄인들을 향해 경고하셨던 최악의 상황을 예수님이 감당하신다고 생각해 보라. 겟세마네 동산에서 고통과 피땀을 흘리고 계시는 예수님을 생각해 보라. 자신에게 닥쳐올 일들에 놀라기 시작하며 죽을 정도로 슬퍼하시던 예수님의 울부짖음과 기도를 생각해 보라.[38]

모든 어둠의 권세와 인간의 분노와 광기에 맞서 싸우시는 예수님을 생각해 보라. 예수님이 몸과 마음으로 겪으시는 고통을 생각해 보라. 예수님께서 자신의 명성, 평판, 소유, 그리고 생명까지도 잃는 모습을 생각해 보라.

이 고난 중 일부는 바로 하늘에 계신 하나님에게서 즉각적으로 온 것이고, 또 어떤 고난은 하나님의 지혜로운 계획에 따라 행동하는 마귀와 악한 자들로부터 온 것이다. 기도하고, 흐느끼며, 부르짖고, 피

---

[38] [마 26:36-46; 막 14:32-42; 눅 22:39-48].

를 흘리며 죽어 가시는 예수님을 생각해 보라. 이 모든 고난은 예수님의 영혼을 죄에 대한 제물로 드리는 것이다.

> 그는 곤욕과 심문을 당하고 끌려 갔으나 그 세대 중에 누가 생각하기를 그가 살아 있는 자들의 땅에서 끊어짐은 마땅히 형벌 받을 내 백성의 허물 때문이라 하였으리요(사 53:8).

내가 원하는 것은 당신이 그리스도에 대한 거룩한 존경심에 압도될 때까지 스스로 그리스도의 고난을 탐구하는 것이다.

> 사람이 무엇이기에 주께서 그를 생각하시며 인자가 무엇이기에 주께서 그를 돌보시나이까(시 8:4).

> 누가 여호와의 영을 지도하였으며 그의 모사가 되어 그를 가르쳤으랴(사 40:13).

> 깊도다 하나님의 지혜와 지식의 풍성함이여, 그의 판단은 헤아리지 못할 것이며 그의 길은 찾지 못할 것이로다(롬 11:33).

이 말씀에 대해 우리는 무엇을 말할 수 있을까?
하나님은 독생자를 아끼지 않으시고, 가련하고 길 잃은 죄인인 우리를 위해 독생자를 죽음과 이 재앙에 내어 주셨다. 영원하신 하나님의 아들께서 우리를 위해 우리의 죄가 받아 마땅한 모든 악을 스스로 담당하심으로써 우리는 죽음과 이 모든 악으로부터 구원받게 되었다.

당신 눈에는 이 고난받는 어린양의 영광이 보이지 않는가?

아담이 죄를 짓고 자신과 그 후손을 영원히 파멸시켰을 때, 그는 하나님의 진노 아래 영원히 멸망할 자처럼 부끄러움과 두려움 속에서 떨며 서 있었다. 아담은 죽어 마땅했고, 즉시 죽을 것을 예상했다. 그가 떨며 서 있을 때 주 예수님께서 약속대로 말씀하셨다.

가엾어라!
이 얼마나 비참한 모습인가!
참으로 비참해졌구나!
창조 받을 때 네가 가졌던 하나님의 형상의 아름다움, 영광은 어찌 되었느냐?
사탄의 흉악한 모양과 형상을 어떻게 받아들였느냐?
그러나 너가 당하고 있는 현재의 불행은 앞으로 다가올 일에 비하면 아무것도 아니구나. 영원한 고통이 네 앞에 놓여 있구나.
그러나 한 번 더 고개를 들고 나를 보아라. 무한한 지혜와 사랑, 은혜의 계획 속에 무엇이 있는지 엿볼 수 있으리라.
어리석은 너의 은신처에서 나오너라. 엉망진창인 너의 삶에 내가 들어가리라. 너를 영원토록 지옥의 밑바닥으로 가라앉게 할 죄책감과 형벌을 내가 짊어지리라. 네가 영원히 복을 받을 수 있도록 내가 결코 가져가지 않은 것을 너를 대신하여 갚고 너를 위해 저주를 받으리라.

예수님은 죄인인 우리에게도 똑같이 말씀하시며 주님께 오라고 우리를 초대하신다.

4. 죽임당하신 어린양을 흠모

바로 우리 눈앞에서 예수 그리스도는 십자가에 못 박히셨다(갈 3:1). 그러므로 가난하고, 멸시받고, 박해받고, 책망받고, 모욕당하고, 나무에 달리신 예수님을 경이로움으로 바라보자. 그리고 그분은 외부에서 오는 그런 맹공에 직면하고 있는 동안, 예수님은 우리의 죄에 대한 하나님의 전적 진노를 마음속으로 알고 느끼고 계셨다는 것을 기억하라.

> 그런데 왜 예수님의 고난이 복음서에 그렇게 분명하게 기록되어 있고, 강단에서 그토록 자주 선포되는 것일까?
> 그런 고난에 무슨 영광이 있는 것일까?
> 이것이 바로 유대인들과 이방인들이 꺼리며 화를 냈던 일 아닌가?(고전 1:23)
> 세상 사람들이 보기에 그리스도의 비참함에서 도움을 기대하는 우리가 바보처럼 보이지 않을까?
> 그리스도의 죽음으로 생명을 얻는다니?

이것이 세상의 지혜이다.

그러나 믿는 우리에게는 주님의 고난조차도 존귀하고 영광스럽고 보배롭다. 우리는 주님의 고난에서 하나님의 지혜와 능력을 볼 수 있다.

성경에 기록되었으되

"보라 내가 택한 보배로운 모퉁잇돌을 시온에 두노니 그를 믿는 자는 부끄러움을 당하지 아니하리라 하였으니"

그러므로 믿는 너희에게는 보배이나 믿지 아니하는 자에게는

"건축자들이 버린 그 돌이 모퉁이의 머릿돌이 되고"

"또한 부딪치는 돌과 걸려 넘어지게 하는 바위가 되었다 하였느니라."

그들이 말씀을 순종하지 아니하므로 넘어지나니 이는 그들을 이렇게 정하신 것이라.

그러나 너희는 택하신 족속이요 왕 같은 제사장들이요 거룩한 나라요 그의 소유가 된 백성이니 이는 너희를 어두운 데서 불러 내어 그의 기이한 빛에 들어가게 하신 이의 아름다운 덕을 선포하게 하려 하심이라(벧전 2:6-9).

우리는 십자가에 못 박힌 그리스도를 전하니 유대인에게는 거리끼는 것이요 이방인에게는 미련한 것이로되 오직 부르심을 받은 자들에게는 유대인이나 헬라인이나 그리스도는 하나님의 능력이요 하나님의 지혜니라 하나님의 어리석음이 사람보다 지혜롭고 하나님의 약하심이 사람보다 강하니라(고전 1:23-25).

하나님은 우리의 어두운 마음에 그분의 빛을 비추셨고, 우리의 눈을 열어 십자가에 못 박히신 그리스도 안에 있는 하나님의 지혜와 능력을 보게 하셨다.

그래서 우리는 채찍에 맞고 피 흘리시는 그리스도를 볼 수 있는 새로운 눈, 믿음의 눈을 가지게 되었으며 그리스도를 우리의 영웅으로 보게 된다. 믿음으로 우리는 그리스도가 채찍에 맞음으로 우리가 나

음을 얻은 줄 안다(사 53:5; 벧전 2:24). 믿음으로 우리는 하늘나라에 들어가며 죽임당하신 어린양의 보좌에 둘러설 수 있다.

> 내가 또 보니 보좌와 네 생물과 장로들 사이에 한 어린양이 서 있는데 일찍이 죽임을 당한 것 같더라 그에게 일곱 뿔과 일곱 눈이 있으니 이 눈들은 온 땅에 보내심을 받은 하나님의 일곱 영이더라.
> 그 어린양이 나아와서 보좌에 앉으신 이의 오른손에서 두루마리를 취하시니라. 그 두루마리를 취하시매 네 생물과 이십사 장로들이 그 어린양 앞에 엎드려 각각 거문고와 향이 가득한 금 대접을 가졌으니 이 향은 성도의 기도들이라.
> 그들이 새 노래를 불러 이르되
> "두루마리를 가지시고 그 인봉을 떼기에 합당하시도다 일찍이 죽임을 당하사 각 족속과 방언과 백성과 나라 가운데에서 사람들을 피로 사서 하나님께 드리시고
> 그들로 우리 하나님 앞에서 나라와 제사장들을 삼으셨으니 그들이 땅에서 왕 노릇 하리로다." 하더라
> 내가 또 보고 들으매 보좌와 생물들과 장로들을 둘러 선 많은 천사의 음성이 있으니 그 수가 만만이요 천천이라. 큰 음성으로 이르되
> "죽임을 당하신 어린양은 능력과 부와 지혜와 힘과 존귀와 영광과 찬송을 받으시기에 합당하도다" 하더라
> 내가 또 들으니 하늘 위에와 땅 위에와 땅 아래와 바다 위에와 또 그 가운데 모든 피조물이 이르되
> "보좌에 앉으신 이와 어린양에게 찬송과 존귀와 영광과 권능을 세세토록 돌릴지어다."
> 하니 네 생물이 이르되 "아멘" 하고 장로들은 엎드려 경배하더라(계 5:6-14).

[반성과 토론을 위하여]

1. 그리스도는 교회의 신랑이시며, 교회는 그리스도의 아름다운 신부이다. 그리스도의 신부로서 아가서 5장 9절에 나오는 사랑하는 사람의 질문에 답해 보라.
"여자들 가운데에 어여쁜 자야 너의 사랑하는 자가 남의 사랑하는 자보다 나은 것이 무엇인가?"

2. '영웅적'이란 말을 어떻게 정의할 수 있을까?

3. 그리스도의 순종에서 영웅적 요소는 무엇인가?

4. 그리스도의 고난에서 영웅적 요소는 무엇인가?

5. 그리스도께서 하나님께 순종하기 위해 사람으로서 극복하셔야 했던 장애물이 무엇이었는지 적어 보라.

6. 우리 주님의 고난에 대해 언급하고 있는 성경 구절을 선택하라 (예를 들어, 사 52:13-53:12; 마 26:36-46; 또는 마 27:27-56).
이 구절들을 묵상한 후, 이 고난을 당하신 그리스도를 찬양하는 기도문을 6-7 문장 길이로 작성해 보라.
성경 구절의 세부 내용을 사용하여 구체적으로 작성해 보라.
그리스도에 대해 당신이 존경하는 바를 정확하게 언급하라.

7. 조지 허버트(George Herbert)는 그리스도의 고난을 깊이 묵상하는 〈희생〉이라는 시를 썼다. 그 시의 화자는 그리스도시다. 그리스도는 자신의 눈을 통해 그분의 죽음을 위시해서 그분의 마음을 아프게 했던 많은 일을 이야기하신다. 당신을 위해 아래에 그 시를 수록해 두었다.

이 시를 읽고 그리스도에 대해 깊이 묵상할 수 있도록 하루나 이틀 정도 혼자만의 기도 시간을 가지면서, 당신을 위해 모든 것을 행하신 그리스도를 진심으로 찬양하라.

희생 제물[39]

조지 허버트

내 곁을 지나가는 그대들 모두는 세상의 것들에 대해서는
눈과 마음이 예민하지만, 나에 대해서는 눈이 멀어 있구나.
그대들에게 찾아 줄 눈을 가져온 나에게는
지금껏 내 슬픔과 같은 슬픔이 있었을까?

내 백성의 군주들은 그들의 창조자에게 대항한다.
그들은 내가 죽기를 바란다.
그들은 내가 빵을 주는 것 말고는 나에게 바라는 것이 없다.
지금껏 내 슬픔과 같은 슬픔이 있었을까?

내가 없었다면, 지금 나를 무시하는 각 사람은
오늘날까지 모두 이집트의 노예가 되어야 했을 것이다.
그들은 내가 준 힘으로 나에게 대항한다.
지금껏 내 슬픔과 같은 슬픔이 있었을까?

---

[39] Louis L. Martz가 *Oxford Poetry Library: George Herbert* (Oxford: Oxford University Press, 1994), 18 에서 사용한 현대화된 철자법과 대문자 사용법을 따랐다.

야심을 품은 내 제자,
그는 내가 가진 모든 것을 가지고 있었음에도 불구하고
기꺼이 나를 팔고, 나를 거기에 두는 것을 주저하지 않았다.
지금껏 내 슬픔과 같은 슬픔이 있었을까?

그는 30페니에 나의 죽음을 획책했고
300페니의 향유를 소중하게 여겼다.
내 달콤한 희생 제물의 반절만큼도 달콤하지 않은 것을.
지금껏 내 슬픔과 같은 슬픔이 있었을까?

그러므로 내 영혼은 녹고, 내 마음의 소중한 보물이
피를 떨어뜨린다. 내 말을 측정할 유일한 구슬들을.
오, 할 수만 있거든, 이 잔을 내게서 지나치게 하소서.
지금껏 내 슬픔과 같은 슬픔이 있었을까?

한 죄인의 눈물로, 하나의 향유로 완화된
이 핏방울들은 모두를 위한 것이다.
나의 상처를 제외한 모든 상처와 나의 두려움을 제외한 모든 두려움을 치유하는.
지금껏 내 슬픔과 같은 슬픔이 있었을까?

그러나 나의 제자들은 잠을 자고 있다. 나는 나를 지켜봐 줄
한 시간도 얻을 수 없다. 그러나 그들의 졸리운 머리는
나에게 위안을 주지 못한다. 그리고 나의 가르침을 얼룩지게 한다.
지금껏 내 슬픔과 같은 슬픔이 있었을까?

일어나라, 일어나라, 그들이 온다. 그들이 어떻게 달려오는지 보라!
슬프도다! 그들이 얼마나 서둘러 파멸로 향하는가를!
그들이 등불을 가지고 어떻게 죄를 찾는지를!
지금껏 내 슬픔과 같은 슬픔이 있었을까?

곤봉과 장대를 가지고 그들은 마치 도둑을 찾듯 나를 찾는다.
진리의 길, 진정한 위안인 나를.
나의 가장 큰 슬픔인 그들에게 가장 충실한 나를.
지금껏 내 슬픔과 같은 슬픔이 있었을까?

유다. 너는 어떻게 한 번의 입맞춤으로 나를 배신하는가?
너는 어떻게 내 입술에서 지옥을 발견하고,
생명과 축복의 문 바로 앞에서 생명을 잃을 수 있는가?
지금껏 내 슬픔과 같은 슬픔이 있었을까?

보아라, 그들이 나를 체포한다. 신뢰의 손이 아닌
분노의 손으로. 그들의 명령에 의해
그들의 매임을 풀어 준 나는 결박당한다.

지금껏 내 슬픔과 같은 슬픔이 있었을까?

나의 제자들은 모두 도망간다. 두려움이 나와 내 친구들 사이를
갈라놓는다. 그들은 멀리 동방에서 현자들을
데려왔던 별을 떠난다.
지금껏 내 슬픔과 같은 슬픔이 있었을까?

그런 다음 한 통치자에서 또 다른 통치자에게로,
결박한 채 나를 그들은 데려갔다. 내가 가르친 것은 옳지 않다고
몰아대면서. 의견들은 그 재판을 혼란스럽게 했다.
지금껏 내 슬픔과 같은 슬픔이 있었을까?

성직자와 통치자들은 모두 생명을 추구하지 않고
이 중요한 주(week)에 준비된 유순한 유월절 어린양인
그에 반하는 거짓된 증언을 찾는다.
지금껏 내 슬픔과 같은 슬픔이 있었을까?

그런 다음 그들은 신격화했다는
신성모독죄로 나를 고소한다.
그 어떤 도둑질도 결코 생각해 본적이 없는 나를.
지금껏 내 슬픔과 같은 슬픔이 있었을까?

어떤 이들은 말했다. 내가 사흘 만에 성전을
무너뜨리고 이전처럼 다시 짓는다고 했다고.
물론, 세상을 지으신 그분은 훨씬 더 많은 것을 하실 수 있다.
지금껏 내 슬픔과 같은 슬픔이 있었을까?

그들 모두는 나에게, 내가 그들에게 매일같이 주는
바로 그 숨결로, 사형선고를 내렸다.
숨결이 있는 나의 첫 작품인 아담에게 주었던 그 숨결로.
지금껏 내 슬픔과 같은 슬픔이 있었을까?

그들은 나를 묶어서 헤롯왕에게 데려간다. 헤롯은
나를 빌라도에게 보낸다. 이 사람은 그들이 동의하게 한다.
그러나 그들의 친화는 나에 대한 증오다.
지금껏 내 슬픔과 같은 슬픔이 있었을까?

헤롯왕과 그의 모든 무리가 나를 비난한다.
그들은 모든 손에 전쟁을, 모든 손가락에 싸우는 법을 가르친다.
그러나 만군의 주는 유일하고 전능하시다.
지금껏 내 슬픔과 같은 슬픔이 있었을까?

재판석에 있는 헤롯왕은, 내가 서 있는 동안,
검열의 손으로 나를 조사한다.
나는 그에게 복종한다. 다른 모든 만물에게 명령하는 내가.

지금껏 내 슬픔과 같은 슬픔이 있었을까?

유대인들은 악의에 차서 나를 고소한다.
그리고 악으로 나의 온화함과 겨루면서,
그들의 유일한 행복에게 싸움을 건다.
지금껏 내 슬픔과 같은 슬픔이 있었을까?

나는 아무 대답도 하지 않는다. 그러나 돌 같은 심장이
부드러운 사랑으로 녹을지를 인내로 증명한다.
그러나 누가 비둘기로 독수리를 사냥하겠는가?
지금껏 내 슬픔과 같은 슬픔이 있었을까?

내 침묵에 오히려 그들은 더 크게 소리친다.
내 비둘기는 내 가슴속으로 되돌아 날아온다.
거친 파도가 여전히 높기 때문이다.
지금껏 내 슬픔과 같은 슬픔이 있었을까?

들어 보라 어떻게 그들이 여전히 크게 외치는지를,
십자가에 못 박으라. 그가 하루라도 사는 것은 온당치 않다!
그들은 외친다.
결코 영원히 살 수 없는 그들이.
지금껏 내 슬픔과 같은 슬픔이 있었을까?

이방인 빌라도가 잠시 지체한다. 그러나 내 자신이 사랑하는
이들인 그들은, 그날을 공포로 뒤덮는
요란한 소리들로 혼란 속에서 외친다. 당장 하라, 당장!
지금껏 내 슬픔과 같은 슬픔이 있었을까?

그러나 여전히 그들은 큰소리로 외치고, 소리치고, 귀를 막는다.
내 생명을 자신들의 죄와 두려움 사이에 놓고,
그래서 자신들의 죄와 두려움과 자신들의 피 위에 내 피가 뿌려지길 원한다.
지금껏 내 슬픔과 같은 슬픔이 있었을까?

악의가 어떻게 세상을 부패시키는지 보라! 올바르게
사용되고 소망하고 이 말들은 온 세상의 빛이다.
그러나 꿀과 같은 말은 그들의 쓸개즙이요 빛은 그들의 밤이다.
지금껏 내 슬픔과 같은 슬픔이 있었을까?

그들은 살인자를 선택하고 그를
풀어 주는 데 모두 동의한다.
나를 죽이는 것이 그들의 본래 목적이기에.
지금껏 내 슬픔과 같은 슬픔이 있었을까?

그는 폭도요 살인자였다.
그러나 나는 평화의 왕이었다. 그리고 그 평화는
하늘이 모습을 비추는 것 이상으로 모든 이해력을 초월한다.

지금껏 내 슬픔과 같은 슬픔이 있었을까?

어찌하여 내가 아닌 시저가 그들의 유일한 왕이란 말인가.
그는 그들이 목마를 때 단단한 바위를 쪼갠다.
그러나 결코 그들의 마음을 쪼개진 못한다. 내가 하듯이.
지금껏 내 슬픔과 같은 슬픔이 있었을까?

아, 그들이 나를 얼마나 채찍질하는지! 그러나 매번 채찍질마다
나의 부드러움은 갑절이 된다. 그러나 그들의 혹독함은
내 슬픔을 수수께끼로 끝나게 한다.
지금껏 내 슬픔과 같은 슬픔이 있었을까?

그들은 나를 폭행하고, 그들이 나열한 대로 나를 때린다.
천지를 주먹으로 움켜쥐고 있는 나를,
그리고 결코 몰인정하게 그들을 벌주는 일이 없는 나를.
지금껏 내 슬픔과 같은 슬픔이 있었을까?

보라, 그들은 경멸적으로 나에게 침을 뱉는다.
내 침으로 눈먼 자를 눈뜨게 하고
그들의 보지 못함을 나의 적들에게 남겨 둔 나를.
지금껏 내 슬픔과 같은 슬픔이 있었을까?

그들이 내 얼굴을 가린다. 내 얼굴이 신성할지라도.
모세의 얼굴이 가려졌던 것처럼, 나의 얼굴도 가려진다.
갑절로 어두운 그들의 영혼 위에 비춰지 않도록.
지금껏 내 슬픔과 같은 슬픔이 있었을까?

하인들과 비천한 자들이 나를 조롱한다. 그들은 빈정댄다.
우리에게 선지자 노릇을 하라, 너를 친 자가 누구냐가 그들의 노래이다.
내 안에 있는 그들은 가엾게도 자신을 부인한다.
지금껏 내 슬픔과 같은 슬픔이 있었을까?

지금 나는 죽음으로 넘겨진다.
각 사람이 너무도 극한 숨결로 죽음을 요구해서
내 앞에 있는 사람들은 거의 죽을 지경이다.
지금껏 내 슬픔과 같은 슬픔이 있었을까?

울지 마라, 사랑하는 친구들이여, 그대들이 자는 동안
나의 모든 눈물이 피가 될 때까지 내가 그대들과 나를 위해 울었으니까.
그대들 자신의 운명을 위한 눈물은 남겨 두어야 한다.
지금껏 내 슬픔과 같은 슬픔이 있었을까?

군사들이 나를 공회당으로 끌고 간다.
그곳에서 그들은 나를 조롱한다. 그들은 모두 나에게 욕한다.
그러나 나는 하늘의 열두 군단을 부를 수 있건만.

지금껏 내 슬픔과 같은 슬픔이 있었을까?

그런 다음 그들은 나에게 주홍색 겉옷을 입힌다.
이것은 나의 피가 유일한 길임을 보여 준다.
인간의 부패를 보상하기 위해 남겨진 음료임을.
지금껏 내 슬픔과 같은 슬픔이 있었을까?

그다음 내 머리는 가시 면류관을 쓰고 있다.
이것이 시온이 맺는 모든 포도이기 때문이다.
내가 그곳에 나의 포도나무를 심고 물 주었거늘.
지금껏 내 슬픔과 같은 슬픔이 있었을까?

아담의 타락으로 인한 땅의 큰 저주가
내 머리 위에 앉는다. 나는 땅에서부터
내 이마까지 그 저주를 모두 제거한다. 그리고 죄의 속박을 몰아 낸다.
지금껏 내 슬픔과 같은 슬픔이 있었을까?

그런 다음 이전에 그들이 나에게 준 갈대로,
그들은 내 머리를 친다. 천국의 축복의 모든 창고가
영구히 나오는 보석을.
지금껏 내 슬픔과 같은 슬픔이 있었을까?

그들은 나에게 무릎 꿇고 절한다. 그리고 소리친다. 유대인의 왕 만세!
비웃음과 경멸이 가져올 수 있는 모든 것,
나는 밑바닥이요 웅덩이다. 그들은 그 모든 것을 나에게 내던진다.
지금껏 내 슬픔과 같은 슬픔이 있었을까?

그러나 인간의 왕권은 갈대처럼 약하고,
그들 모두의 왕관은 가시가 많으며, 그들의 상복은 핏빛이기에,
진리인 나는 그들의 행위를 진리로 바꾼다.
지금껏 내 슬픔과 같은 슬픔이 있었을까?

군인들은 또한 그 얼굴에 침을 뱉는다.
천사들이 그 우아함을 갖고 싶어 했고,
예언자들이 한번 보고 싶어 했으나 어디에서도 볼 수 없었던 그 얼굴에.
지금껏 내 슬픔과 같은 슬픔이 있었을까?

이렇게 꾸며져서 소란한 군중에게로 그들은 나를 데려온다.
그들은 그를 십자가에 못 박으라고 강하게 한 번 외친다.
하나님은 인간에게 줄 자기의 평화를 쥐고 있다. 그리고 인간은 소리지른다.
지금껏 내 슬픔과 같은 슬픔이 있었을까?

그들은 나를 다시 한번 안으로 데려온다. 그리고 내 옷을
입힌다. 그들은 나를 다시 밖으로 데려온다.
악마들이 그를 들어 올린다. 그는 인간들에 의해 던져진다.

지금껏 내 슬픔과 같은 슬픔이 있었을까?

지금 조롱을 다한 후 들어서며 기뻐하는 그들 모두는 한 사람에게
침을 뱉는다. 그리고 나의 생명을 그들의 사망자 수에 포함시킨다.
그들은 나를 나에게 가장 쓰라린 십자가로 데려간다.
지금껏 내 슬픔과 같은 슬픔이 있었을까?

오, 내 곁을 지나가는 그대들 모두, 보고 또 보라.
인간은 그 열매를 훔쳤지만, 나는 그 나무에 올라야 한다.
오직 나를 제외한 모두의 생명나무에.
지금껏 내 슬픔과 같은 슬픔이 있었을까?

보라, 죄의 세상을 책임진 채, 나는 여기에
다른 두 개의 죄의 세상보다 더 큰 세상을 매단다. 그것은 말로
들어왔지만, 이것은 슬픔으로 내가 이겨야 한다.
지금껏 내 슬픔과 같은 슬픔이 있었을까?

죄인이 느낄 수 있는 또는 그의 몸의 음부가
느낄 수 있는 그런 슬픔에, 그는 모든 것이 녹을 때까지
무릎을 꿇는 것을 멈추려하지 않았다. 그가 완전히 강철이었을 지라도.
지금껏 내 슬픔과 같은 슬픔이 있었을까?

그러나 오, 나의 하나님, 나의 하나님, 어찌하여 나를 버리셨나이까
당신의 기뻐하시던 아들을?
나의 하나님, 나의 하나님—
내 슬픔과 같은 슬픔은 결코 없었다.

수치심이 내 영혼을 찢고, 내 몸은 많은 상처를 입는다.
날카로운 손톱이 많은 상처를 찌른다. 그러나 그 저주는 더 날카롭다.
내가 묶여 있는 동안, 비난은 자유롭다.
지금껏 내 슬픔과 같은 슬픔이 있었을까?

구원자여, 너 자신을 구원하고 십자가에서 내려오라.
아, 슬프도다. 나는 그렇게 했다. 내가 나의 왕관과
아버지의 미소를 떠나 그대들을 위해 아버지의 찡그린 얼굴을 느꼈을 때.
지금껏 내 슬픔과 같은 슬픔이 있었을까?

나 자신을 구원하지 않는 그곳에, 지금 그대들이 저항하는
그 모든 구원이 존재한다.
그대들의 안전은 내 아픔 속에 존재한다.
지금껏 내 슬픔과 같은 슬픔이 있었을까?

두 강도 사이에서 나는 극도의 숨을 쉰다.
강도질 때문에 괴로워하는 사람처럼.
아, 슬프도다. 내가 그대들로부터 무엇을 훔쳤는가? 그대들의 죽음이다.

지금껏 내 슬픔과 같은 슬픔이 있었을까?

왕은 나의 칭호이고 높은 사람의 앞에 놓는 말이다.
그러나 나의 신하들에 의해 비굴한 무리 속에서
비굴한 죽음을 선고받는다.
지금껏 내 슬픔과 같은 슬픔이 있었을까?

그들이 내게 쓸개 탄 식초를 주었지만,
더욱 악의에 차 있었다. 그러나 그들이 하늘의 양식인
만나를 구했을 때, 나는 그들 모두를 먹였었다.
지금껏 내 슬픔과 같은 슬픔이 있었을까?

그들이 나의 옷을 찢고 제비 뽑아 나눈다. 한때
도움을 구하는 자들을 치유했던,
결코 악의적인 적이 아닌 사랑의 상징이었던 나의 외투를.
지금껏 내 슬픔과 같은 슬픔이 있었을까?

아니, 내가 죽은 후에 그들의 악의는 더 커질 것이다.
그들은 나의 옆구리를 찌를 것이기에, 나는 충분히 잘 알고 있다.
죄가 왔을 때처럼, 그렇게 성례전이 흘러나올 것이다.
지금껏 내 슬픔과 같은 슬픔이 있었을까?

그러나 지금 나는 죽는다. 지금 모든 것이 끝난다.

나의 비애 인간의 채찍자국, 그리고 지금 나는 머리를 숙인다.

내가 죽어 있을 때, 다른 사람들이 말하게 둘 뿐이다.

내 슬픔과 같은 슬픔은 결코 없었다.

제7장
하나님 우편에 계신 분

> 비참한 몰골의 모든 병사, 얼굴은 수척하고
> 창백해 보이지만,
> 그를 바라보며, 그의 얼굴에서 위안을 얻는다.
> - 셰익스피어 -[40]

1. 망토를 두른 왕

새벽 3시, 아쟁쿠르 전투가 벌어지기 전이다. 프랑스와 영국 양진영에는 밤새 모닥불이 타오르고 있고 갑옷을 두들기는 망치 소리는 "끔찍한 전쟁 준비를 알리고 있다." 프랑스군은 힘차게 홰를 치는 수탉처럼 사기충천한 반면, 수적으로 열세인 영국군은 "끔찍한 몰골의 유령들"처럼 달을 쳐다보고 있다.

셰익스피어의 희곡 〈헨리 5세〉에서, 왕은 늙은 토머스 어핑엄 경(Sir Thomas Erpingham)의 망토를 두르고 부하들 사이를 걷는다. 어둠,

---

[40] Henry V, 4.0.

그리고 두건을 덮어썼기 때문에 그 누구도 그가 헨리왕인 것을 알아채지 못한다.

　헨리왕은 다른 사람들이 자신을 알아차리지 못하도록 말투마저 바꾼 채 존 베이츠, 알렉산더 코트, 마이클 윌리엄스와 함께 모닥불 주위에 앉아 프랑스와의 전쟁이 정당한지, 그리고 병사들이 왕의 명령에 따라 싸울 경우 어떤 책임이 있는지에 관해 열띤 토론을 나눈다. 윌리엄스는 왕이 하는 말에 이의를 제기하고 (그가 왕인 줄 모른 채!) 그를 꾸짖는다.

　　　헨리왕: 당신의 말은 지나치게 솔직하군. 평상시라면 틀림없이 화를
　　　　　　냈을거요.
　　　윌리엄스: 당신이 살아남게 된다면 결투를 하도록 하지.
　　　헨리왕: 좋소.
　　　윌리엄스: 그런데 내가 어떻게 당신을 알아보지?
　　　헨리왕: 당신이 내게 어떤 표식을 주면 그것을 내 모자에 달고 다니도
　　　　　　록 하겠소. 당신이 그걸 알아보게 되면 그때 결투를 하는 것
　　　　　　으로 합시다.
　　　윌리엄스: 여기 내 장갑. 당신 장갑은 나를 주시오.
　　　헨리왕: 여기 있소.
　　　(그들은 서로 장갑을 교환한다.)
　　　윌리엄스: 나도 당신 장갑을 내 모자에 달도록 하지. 내일 이후로 당
　　　　　　신이 와서 "이건 내 장갑이오"라고 하면 귀싸대기를 한 대
　　　　　　갈겨 주겠소.

> 헨리왕: 살아남아서 이 장갑을 보게 된다면 도전하겠소.
>
> 윌리엄스: 차라리 목매달려 죽겠다고 하는 게 나을 것이오.
>
> 헨리왕: 좋소. 당신이 왕의 부하라고 하더라도 꼭 상대하도록 하겠소.[41]

셰익스피어의 풍자는 재미있다. 이 싸움은 왕이 보라색 예복을 입고 왕관을 쓰고 시종들을 거느린 채 윌리엄스에게 나타났다면 결코 일어나지 않았을 싸움이다. 윌리엄스는 결코 그의 군주의 따귀를 때리겠다고 위협하지 않았을 것이다.

2. 또 다른 왕, 또 다른 망토

이 세대의 통치자들이 인간의 몸이라는 망토 아래 숨겨진 분이 만유의 왕인 줄 알았더라면, "영광의 주를 십자가에 못 박지 아니하였으리라"(고전 2:8). 만약 그리스도께서 슬픔의 사람이라는 망토 아래 왕의 영광을 숨기지 않으셨다면, 우리가 앞 장에서 살펴본 그리스도의 고난은 불가능했을 것이다.

그러나 십자가에서 그리스도의 고난이 끝난 후에 그 망토는 찢어졌다. 그분은 죽은 자 가운데서 살아나셔서 하늘에 오르사 전능하신 하나님의 우편에 앉으셨다. 신학자들은 이것을 그리스도의 "승

---

[41] Ibid., 4.1.

귀"(exaltation)라고 부른다. 승귀는 그리스도의 영광의 계시 또는 공개 또는 '망토를 벗는 것'이다.

구약성경의 선지자들이 그리스도에 대하여 예언한 모든 것은 그리스도의 고난 또는 승귀를 가리킨다.

> 이 구원에 대하여는 너희에게 임할 은혜를 예언하던 선지자들이 연구하고 부지런히 살펴서 자기 속에 계신 그리스도의 영이 그 받으실 고난과 후에 받으실 영광을 미리 증언하여 누구를 또는 어떠한 때를 지시하시는지 상고하니라(벧전 1:10-11).

그렇기에 그리스도께서는 엠마오로 가던 두 제자에게 성경을 풀어 주실 때 "그리스도가 이런 고난을 받고 자기의 영광에 들어가야 할 것이 아니냐"(눅 24:26)라고 말씀하셨다.

바울 역시 그리스도의 고난 뒤에 오는 영광을 노래한다.

> 너희 안에 이 마음을 품으라 곧 그리스도 예수의 마음이니
> 그는 근본 하나님의 본체시나 하나님과 동등됨을 취할 것으로 여기지 아니하시고
> 오히려 자기를 비워 종의 형체를 가지사 사람들과 같이 되셨고
> 사람의 모양으로 나타나사 자기를 낮추시고 죽기까지 복종하셨으니 곧 십자가에 죽으심이라
> 이러므로 하나님이 그를 지극히 높여 모든 이름 위에 뛰어난 이름을 주사
> 하늘에 있는 자들과 땅에 있는 자들과 땅 아래에 있는 자들로 모든 무릎을 예수의 이름에 꿇게 하시고

> 모든 입으로 예수 그리스도를 주라 시인하여 하나님 아버지께 영광을 돌리게 하셨느니라(빌 2:5-11).

우리가 그리스도를 성경에 계시된 것과 같이 알고 싶다면, 우리는 그분의 고난을 이해해야 한다. 그러나 우리는 또한 승귀를 통해서 그리스도를 알아야 한다.

3. 우리 자신의 고난과 영광

사실 우리는 어린양의 고난과 승귀를 모두 알아야 한다. 두 가지 모두를 묵상함으로써 우리는 '그리스도의 얼굴에서 위안을 얻을 것'이다. 그리고 우리는 그 위안이 필요하다. 왜냐하면, '처음에는 고난이요, 그다음은 영광'이라는 패턴은 그리스도뿐만 아니라 우리를 위한 것이기 때문이다.

> 미쁘다 이 말이여 우리가 주와 함께 죽었으면 또한 함께 살 것이요, 참으면 또한 함께 왕 노릇 할 것이요 우리가 주를 부인하면 주도 우리를 부인하실 것이라 (딤후 2:11-12).

그리스도께서 고난을 견디는 데는 큰 용기가 필요했다. 그분은 자신 앞에 놓인 것, 즉 형언할 수 없는 기쁨이 그분의 보상이 될 것을 알고 계셨기 때문에 고난에 직면하셨다(히 12:2). 우리가 고난을 마주하고 포기하지 않기 위해서는 주님을 바라보고, 그분의 용기를 찬양하며, 그분의 승귀를 기뻐해야 한다. 그리고 그리스도께서 영광 중에 계신 것을 봄으로 우리의 믿음은 고귀하게 된다.

우리도 그리스도께서 약속하신 대로 그리스도의 영광과 기쁨을 함께 누릴 것이라는 확신으로 우리의 고난을 헤쳐 나가야 한다.

> 믿음의 주요 또 온전하게 하시는 이인 예수를 바라보자 그는 그 앞에 있는 기쁨을 위하여 십자가를 참으사 부끄러움을 개의치 아니하시더니 하나님 보좌 우편에 앉으셨느니라. 너희가 피곤하여 낙심하지 않기 위하여 죄인들이 이같이 자기에게 거역한 일을 참으신 이를 생각하라 (히 12:2-3).

하나님의 어린양께서 고난과 승귀로 우리의 구원을 이루셨다. 고난과 승귀가 없었다면 교회도 없었을 것이다. 그리스도께서 고난받지 않았다면 우리의 죗값을 치르지 못했을 것이다. 그분이 높임을 받지 않으셨다면 우리는 하나님께서 그리스도의 희생을 받아들이셨는지, 그리스도께서 죽음을 이기셨는지도 몰랐을 것이며, 우리가 그리스도와 함께 높임을 받았는지도 알 수 없었을 것이다.

그러나 그리스도는 참으로 높임을 받으셨다.

4. 하나님 우편에 계신 인자를 보는 것

그리스도는 요한복음 17장 24절에서 우리가 그분과 함께하며 그분의 영광을 볼 수 있도록 기도하셨다. 그리스도께서 우리에게 보여 주기 원하셨던 특별한 영광은 아버지의 오른편에 계신 그분의 승귀였다. 그리스도의 승귀는 그리스도께서 우리에게 보여 주기 원하셨던 유일한 영광은 아니었지만, 그리스도의 승귀를 통해 그리스도의 모든 영광이 우리 눈앞에 분명하게 드러난다.

우리가 지금까지 살펴본 그리스도의 영광은 그분이 세상에 계신 동안에는 모두 망토 아래 숨겨져 있었다. 그러나 승귀로 말미암아 그리스도의 영광을 덮고 있던 망토가 찢어졌고, 우리는 그리스도가 누구시며 그분이 행하신 모든 일에 대한 경이로움을 볼 수 있다.

그리스도께서 나타나셔서 우리가 그분을 있는 그대로 보게 될 때(요일 3:2), 우리가 보게 될 것은 이 승귀의 영광이다. 승귀는 창세전에 아버지께서 그리스도께 주신 영광이며(요 17:5, 24), 그리스도께서 하늘에 올라가셔서 하나님 우편에 앉으실 때 그분께 부어 주신 영광이다(눅 22:69; 행 2:33; 히 1:3).

그러나 그리스도의 승귀의 영광을 그리스도께서 하나님이 되시는 영광이라고 생각하는 실수를 범해서는 안 된다. 그리스도는 항상 하나님이셨고, 하나님이 아닐 수 없으셨다.

그리스도의 신적 영광은 그분이 세상에 계실 때 인성이라는 망토 아래 숨겨져 있었다. 그러나 그분이 죽은 자 가운데서 살아나셨을 때 그분은 "죽은 자들 가운데서 부활하사 능력으로 하나님의 아들로 선포되셨다"(롬 1:4). 그리스도의 영광에 대한 이 선포가 바로 그리스도의 승귀다.

개기일식은 태양이 내뿜는 자연적인 아름다움, 빛, 영광에서 단 하나의 광자(a single photon)도 감소시키지 못한다. 개기일식이 일어나는 동안 지구에 있는 우리에게 태양은 어둡고 생명이 없는 유성처럼 보이게 마련이다. 그러나 달 뒤를 지나가고 나면 태양은 다시 자연의 빛과 영광으로 빛난다. 그리스도의 신성도 마찬가지이다.

그리스도께서 이 세상에서 가난하고 멸시 받는 사람인 "종의 형체"(빌 2:7)를 취하셨을 때 그리스도의 신성은 "가리워졌다." 그러나 이 가리움은 끝났다. 그리스도의 영광은 이제 무한한 광채와 아름다움으로 빛난다.

이 땅에서 그리스도를 "고난의 사람"으로 알고 있던 사람들이 그분을 신성의 무한한 영광 가운데서 보게 되었을 때, 그들의 영혼은 기쁨과 감탄을 주체할 수 없었다. 이것이 그리스도께서 그들이 자신과 함께하며 그분의 영광을 보게 해 달라고 기도하신 한 가지 이유이다. 왜냐하면, 그리스도는 자신의 영광을 보는 것이 그들에게 말로 형언할 수 없는 영원한 만족을 줄 것이라는 사실을 알고 계셨기 때문이다.

5. 그리스도의 승귀의 영광

많은 대가가 하나님의 보좌 우편에 앉으신 어린양의 모습을 그리려고 노력했다.

그러나 우리가 이 장엄한 광경을 감히 상상할 수 있을까?

원한다면 금빛 왕관을 마음껏 그려 보라. 그리스도로부터 쏟아져 나오는 빛을 최대한 밝게 그려 보라. 그리고 끝이 보이지 않을 정도까지 펼쳐져 있는 수많은 사람과 천사로 그리스도를 에워싸 보라. 이 광경을 미켈란젤로, 조토(Giotto), 렘브란트, 또는 반 에이크(Van Eyck)가 그린다면 정말 멋진 그림이 될 테지만, 우리가 그리스도의 영광의 날에 보게 될 광경과 비교하면 LA의 안개 자욱한 하늘만큼이나 흐릿하게 보일 것이다.

이와 마찬가지로, 나 역시 말로는 높이 들리신 어린양의 참된 영광을 제대로 표현할 수 없다.

내가 어떻게 하나님의 어린양의 승귀를 표현할 수 있겠는가?

그분은 권능과 위엄과 권위와 통치에 있어서 모든 피조물 위에 높임을 받으셨다. 하나님뿐만 아니라 사람으로서 온 우주를 다스리신다. 바울은 그런 그리스도에 대해 다음과 같이 고백한다.

> 만물이 그에게서 창조되되 하늘과 땅에서 보이는 것들과 보이지 않는 것들과 혹은 왕권들이나 주권들이나 통치자들이나 권세들이나 만물이 다 그로 말미암고 그를 위하여 창조되었고(골 1:16).

그분은 아버지의 사랑과 인정을 통해 높임을 받으셨다. 아버지는 아들을 기뻐하시고 중보자로서 이루신 아들의 사역을 매우 기뻐하셔서 아들을 자신의 오른편, 곧 존귀한 자리에 앉게 하셨다. 지극히 높은 곳에 계신 하나님의 오른편에는 단 한 자리만 있으며, 그 자리는 다른 피조물을 위한 자리가 아니다. 그 자리는 비할 데 없는 영광이다.

> 이는 하나님의 영광의 광채시요 그 본체의 형상이시라 그의 능력의 말씀으로 만물을 붙드시며 죄를 정결하게 하는 일을 하시고 높은 곳에 계신 지극히 크신 이의 우편에 앉으셨느니라 그가 천사보다 훨씬 뛰어남은 그들보다 더욱 아름다운 이름을 기업으로 얻으심이니(히 1:3-4).

그리스도의 승귀는 자신의 신부인 교회를 구원하시려는 그리스도의 사역 속에서 그리스도의 신성한 지혜와 사랑, 그리고 은혜를 온전히, 그리고 최종적으로 드러내고 널리 선포한다. 다시 말하지만, 그 어떤 천사도, 그 어떤 사람도 그리스도의 영광을 나누어 가질 수 없다.

이 땅에서는 오직 믿음으로만 그 영광을 볼 수 있기 때문에 그 영광은 오래된 청동 거울에 비친 모습처럼 희미하게 보인다. 그러나 하늘에서는 그리스도의 영광이 그 광채를 발하여 그리스도를 보는 모든 사람에게 끝없는 기쁨으로 빛난다.

> 내가 또 보고 들으매 보좌와 생물들과 장로들을 둘러 선 많은 천사의 음성이 있으니 그 수가 만만이요 천천이라. 큰 음성으로 이르되
> "죽임을 당하신 어린양은 능력과 부와 지혜와 힘과 존귀와 영광과 찬송을 받으시기에 합당하도다 하더라"(계 5:11-12).

6. 지극히 높으신 그리스도 바라보기

어떻게 땅에 있는 우리가 하늘 보좌에 계신 지극히 높으신 그리스도의 영광을 볼 수 있을까?

다시 한번 말하지만, 그리스도의 영광을 볼 수 있는 유일한 길은 믿음, 즉 하나님의 말씀 안에 있는 그리스도의 영광에 대한 하나님의 계시를 믿는 믿음, 그리스도의 지혜, 사랑, 고난, 승귀를 끊임없이 성찰하고 묵상하는 믿음뿐이다. 이것은 우리의 믿음을 강화시키는 훈련이며 우리의 믿음이 자라도록 하는 양식(food)이다.

그러나 우리가 마음을 집중하는 것은 과연 무엇인가?

일이나 학업의 의무에서 벗어났을 때, 우리의 마음은 어디를 향하고 있는가?

솔직히 고백하건대, 내 마음은 땅 끝까지라도 금세 달려갈 준비가 되어 있으면서도, 졸린 눈을 들어 하늘을 바라보는 데에는 너무 느리다. 만약 내가 은행 잔고를 걱정하거나, 다음 휴가 계획을 세우고 있거나, 직장에서 다른 사람이 나에 관해 한 말 때문에 골치가 아프지 않다면, 내 마음이 어디를 향하게 될지 나도 모르겠다.

나에 대한 생각은 제쳐두고, 잠시라도 지극히 높은 곳에 계신 전능자의 우편에 앉아 계신 그리스도에 대해 생각한다면 어떨까?

골로새서, 히브리서, 로마서의 말씀을 외우고 나를 위해 십자가에 달리신 그리스도 앞에 천하의 모든 피조물이 절하는 것이 무엇을 의미하는지 곰곰이 생각해 보면 어떨까?

하나님 아버지의 사랑과 인정을 받으신, 이 높이 들리신 분이 바로 자신이 계신 곳에 나와 함께 있기를 원한다고 말씀하신 바로 그분 (요 14:3; 17:24)이시라는 것을 생각한다면 어떨까?

이토록 놀라운 묵상을 할 수 없도록 나를 막는 것은 무엇인가?

지금 그리스도를 흠모하지 않더라도 영원이라는 시간이 주어졌기에 만족하고 있는가?

즉, 어차피 천국에 가면 그리스도의 영광을 볼 수 있기에 그때까지 기다릴 수 있다는 것인가?

구원받고 인침을 받은 것은 너무나 명백한 사실인데 굳이 특별한 노력을 기울일 필요가 있을까?

그러나 지금 그리스도의 영광에 대한 아무런 감흥이 없는데 천국에서 그런 마음이 생길 것이라고 확신하는 이유는 무엇인가?

우리 자신보다 그리스도를 더 귀하게 여기는 것이 믿음 아닐까?

우리가 자신의 의가 아니라 그리스도의 의로운 행위에 안식하고, 우리 대신 당하신 그분의 고난에 의지하는 것이 믿음 아닐까?

믿음이 단지 상상력의 산물이 아니라 그리스도께 충실한 믿음이라면, 자신에 대한 생각을 내려놓고 어린양에 대한 생각으로 바꿔야 한다.

당신을 그리스도에 대한 묵상으로 이끌 무언가가 필요한가? 다음을 생각해 보라.

만물 위에 높임을 받으신 분이 누구신가?
영광과 위엄과 능력으로 둘러 쌓인 분이 누구신가?
높은 곳에 계신 아버지의 우편에 앉으시고 모든 원수를 그 발아래 두신 분이 누구신가?
그분이 바로 이 세상에서 당신을 위해 가난하고, 멸시받고, 박해받고, 죽임을 당하신 분이 아니신가?
우리를 사랑하셨고, 우리를 위해 자기 자신을 내어 주셨으며, 우리를 자기 피로 씻겨 주신 바로 그 예수님이 아니신가?

그래서 베드로는 유대인들에게 그들이 나무에 달아 죽인 바로 그 예수님에 대해 다음과 같이 말했다.

> 하나님이 살리시고 이스라엘에게 회개함과 죄 사함을 주시려고 그를 오른손으로 높이사 임금과 구주로 삼으셨느니라(행 5:30-31).

우리가 예수님의 사랑을 조금이라도 소중히 여기고 예수님께서 교회를 위해 행하신 일과 그분이 당하신 고난에 대해 조금이라도 주의를 기울인다면 우리는 그리스도의 영광을 기뻐하지 않을 수 없다.

복되신 예수여!

우리는 당신에게, 그리고 당신의 영광에 그 어떤 것도 더할 수 없습니다. 그러나 당신이 바로 당신이신 것과 당신이 하나님 우편에서 그토록 영광스럽게 높임을 받으시는 것이 우리 마음 깊은 곳에서 기쁨입니다. 우리는 당신께서 기도하시고 약속하신 대로 당신의 영광을 더욱 완전하고 또 분명하게 보기를 갈망합니다. 아멘.

[반성과 토론을 위하여]

1. 그리스도는 교회의 신랑이시며, 교회는 그리스도의 아름다운 신부이다. 그리스도의 신부로서 아가서 5장 9절에 나오는 사랑하는 사람의 질문에 답해 보라.
"여자들 가운데에 어여쁜 자야 너의 사랑하는 자가 남의 사랑하는 자보다 나은 것이 무엇인가?"

2. 그리스도를 "하나님 우편으로 높이셨다"(행 2:33)라는 말은 무엇을 의미하는가?
하나님은 왜 그리스도를 높이셨는가?
그리스도께서 하나님 우편에 앉아 계신다는 것은 무엇을 의미하는가?

3. 당신은 그리스도의 고난과 승귀를 묵상하는 것이 당신을 위로하고 당신 자신의 고난에 대한 소망을 줄 수 있다고 믿는가?

만약 그렇다면 그 이유는 무엇인가?

4. 그리스도의 승귀를 묘사하는 성경 구절을 고르라(시 110; 골1:15-29; 히 1장; 계 4, 5장).

이번 한 주 동안 매일 그 구절을 묵상하고, 가능하면 외우도록 하라. 한 주가 끝날 즈음 그리스도를 찬양하는 기도문을 6-7 문장 길이로 작성해 보라. 그리스도의 승귀에 대한 세부 사항과 그에 대한 당신의 반응에 중점을 두라.

제8장
구약성경의 중심

> 그림자와 모형에서 실제로.
> - 뉴먼 추기경 -

1. 위대한 스승

매일 점심을 먹으러 기숙사로 돌아가는 나는 필경 영화 〈살아 있는 시체들의 밤〉(*The Night of the Living Dead*)에 나오는 좀비처럼 보였을 것이다. 신학대학원 첫 학기, 내 머릿속은 온통 뒤죽박죽이었다. 기숙사 문을 열고 들어가 낡은 회색 안락의자에 몸을 웅크리고 앉은 채 멍한 눈으로 허공을 응시했다.

그러나 내 멍한 표정은 의식이 없어서가 아니었다. 오히려 그 반대였다(*Au contraire*). 내 머릿속은 경이로운 생각, 아이디어, 관점, 함축적 의미들로 소용돌이치고 있었다.

점심 식사 전 마지막 수업은 구약성경의 역사서 개론이었다. 매일 나는 새로운 것을 배웠다. 그때까지만 해도 기껏해야 감동을 주는 이야기이거나, 최악의 경우 어둡고 폐쇄적인 것으로 여겨졌던 성경 구절과 이야기들의 의미와 관련성을 보게 된 것이다. 나는 새로운 도구와 그 도구들을 활용하는 기술을 가지고 성경 속에서 나만의 보물을 캐내는 방법을 배우고 있었다.

어떤 사람들은 그 수업이 훌륭했던 이유가 결국 우리가 성경을 공부했기 때문이라고 생각할지도 모른다. 그러나 그 해에 내가 들었던 다른 많은 성경 수업 중 그 어떤 수업도 역사서 개론 만큼 나에게 영향을 미친 수업은 없었다. 차이는 오직 하나 선생님인 리처드 프랫(Richard Pratt)뿐이었다.

그는 무엇을 가르쳐야 할지(그리고 무엇을 교과서에 남겨 두어야 할지), 그리고 내가 배우고 싶어 하도록 가르치는 방법을 알고 있었다. 그는 단지 새로운 것을 보여 준 것이 아니라, 기존의 것들을 더 잘 이해할 수 있도록 새로운 방식으로 보는 법을 가르쳐 주었다. 그리고 단순히 새로운 방식으로 무언가를 보여 준 것이 아니라, 내가 학교를 졸업한 후에도 새로운 방식으로 사물을 볼 수 있도록 안경을 주었다.

리처드 프랫 교수는 위대한 스승이었다. 당신이 성경을 공부하든 양자물리학을 공부하든 아니면 엔진을 재조립하는 방법을 공부하든 훌륭한 스승은 세상의 모든 것을 바꿀 수 있다.

2. 마음이 뜨겁지 않던가?

당신은 "슬픈 얼굴로" 엠마오를 향해 가고 있는 글로바와 다른 제자에게(눅 24:13-32) 무엇을 주고 싶은가?

그들은 예수님을 "하나님과 모든 백성 앞에서 말과 일에 능하신 선지자"(19절)로 알았고, 예수님이 "이스라엘을 속량할 자"(21절)이기를 바랬었지만 "대제사장들과 관리들이 사형 판결에 넘겨주어 십자가에 못 박았기"(20절) 때문에 혼란 속에서 낙담했다.

이 처량한 두 제자가 이 모든 것을 이해하려 애쓰며 걸어가고 있을 때, 그들이 알지 못하는 낯선 사람이 그들과 합류했다(16절). 그가 그들의 대화에 끼어들었을 때, 제자들은 그가 나사렛 예수에 대한 최근 소식과 지난 며칠 동안 일어난 일을 전혀 모르고 있는 것에 놀랐다(18절). 그러나 그때, 그 낯선 사람은 그들을 깨우쳤고, 그들의 온 세상을 뒤집어 놓았다.

> 이르시되 미련하고 선지자들이 말한 모든 것을 마음에 더디 믿는 자들이여 그리스도가 이런 고난을 받고 자기의 영광에 들어가야 할 것이 아니냐 하시고 이에 모세와 모든 선지자의 글로 시작하여 모든 성경에 쓴 바 자기에 관한 것을 자세히 설명하시니라(눅 24:25-27).

이후 이 흥미로운 낯선 사람은 제자들과 함께 저녁 식사를 위해 자리에 앉았다. 그가 떡을 떼는 순간, 제자들은 즉시 그를 알아보았다. 그들의 새로운 스승은 사실 그들의 옛 스승이었다. 그분은 바로 죽음에서 부활하신 스승 예수님이셨다. 그리고 그분은 홀연 사라지셨다(28-31절). 상상하건대, 제자들은 필경 숨조차 제대로 쉴 수 없었을 것이고, 정신을 차릴 수 없는 상태에서 서로를 돌아보며 말했을 것이다.

> 길에서 우리에게 말씀하시고 우리에게 성경을 풀어 주실 때에 우리 속에서 마음이 뜨겁지 아니하더냐(눅 24:32).

나도 그곳에 있었다면 얼마나 좋았을까!

스승들의 스승이신 예수님은 제자들에게 그리스도이신 자신이 어떻게 구약성경 전체의 주제가 되셨는지에 대한 놀라운 신비를 보여 주셨다. 예수님은 모세오경으로 시작하여 예언자들을 통해 자신에 대해 말한 내용을 추적하셨다. 다시 말해, 예수님은 구약성경이 처음부터 끝까지 그리스도에 대해 어떻게 이야기하고 있는지를 그들에게 보여 주셨다.

그리스도는 구약성경 전체를 관통하는 생명과 빛의 줄기이다. 구약성경 속에서 예수님을 볼 때에만, 우리는 구약성경을 올바로 이해할 수 있다. 구약성경 속에서 예수님을 찾는 일을 소홀히 한다면, 자신의 마음을 수건으로 덮은 채 성경을 읽는 믿지 않는 유대인들처럼 구약성경을 맹목적으로 읽게 될 것이다.

그리스도의 영광을 발견하는 믿음만이 그 흑암의 수건을 벗길 수 있다(고후 3:14-16). 그렇다면 이제 구약성경에서 그리스도의 영광이 신자들에게 표현된 방식들 중 몇 가지를 간략하게 살펴보도록 하자.

3. 영광스러운 성막 속 그리스도

성경에서 "성령이 충만하다"고 일컬음을 받은 첫 번째 사람의 이름을 아는가?

힌트는 출애굽기 31장이다. 그의 이름은 출애굽기 31장에서 처음 언급되었다. 그는 우리(Uri)의 아들 브살렐(Bezalel)이다.

> 여호와께서 모세에게 말씀하여 이르시되 "내가 유다 지파 훌의 손자요 우리의 아들인 브살렐을 지명하여 부르고 하나님의 영을 그에게 충만하게 하여 지혜와 총명과 지식과 여러 가지 재주로 정교한 일을 연구하여 금과 은과 놋으로 만들게 하며 보석을 깎아 물리며 여러 가지 기술로 나무를 새겨 만들게 하리라. 내가 또 단 지파 아히사막의 아들 오홀리압을 세워 그와 함께하게 하며 지혜로운 마음이 있는 모든 자에게 내가 지혜를 주어 그들이 내가 네게 명령한 것을 다 만들게 할지니 곧 회막과 증거궤와 그 위의 속죄소와 회막의 모든 기구와 상과 그 기구와 순금 등잔대와 그 모든 기구와 분향단과 번제단과 그 모든 기구와 물두멍과 그 받침과 제사직을 행할 때에 입는 정교하게 짠 의복 곧 제사장 아론의 성의와 그의 아들들의 옷과 관유와 성소의 향기로운 향이라 무릇 내가 네게 명령한 대로 그들이 만들지니라(출 31:1-11).

구약의 제사 의식은 복잡하면서도 아름답고 신비스러웠다. 하나님의 지혜로 제정된 의식들은 하나님께 매우 중요하기 때문에 하나님은 의식을 수행하는 데 사용될 기물들을 만들 예술가들에게 성령을 충만하게 하셨다. 하나님께서 제의를 통해 장차 올 그리스도의 영광을 그 백성들에게 보여 주셨기 때문에 이런 형태의 제의는 이스라엘의 삶의 중심이 되었다.

> 성막과 성전은 무엇이었는가?
> 성소와 그 기구들은 무엇이었는가?
> 신탁, 법궤, 그룹, 속죄소는 무엇이었는가?
> 대제사장의 모든 제의와 직무는 무엇이었는가?
> 지성소에서 매년 드리는 희생 제물과 매년 뿌리는 피는 무엇이었는가?
> 이스라엘의 모든 예배 의식 제도는 무엇이었는가?

그것들은 하나님이자 사람이신 그리스도의 영광, 그리고 우리의 중보자이자 구원자이신 그리스도의 영광을 나타내는 표상이었다. 그것들은 그림자요 그 그림자의 주체는 그리스도였다(히 8, 9장 참조).

구약성경의 제사 의식과 도구에서 그리스도의 영광을 보기 전에, 상징주의에 대한 우려를 극복하기 위한 몇 가지 권면을 먼저 살펴보겠다.

서구에 사는 우리는 상징주의를 그다지 쉽게 받아들이지 않는다. 우리는 과학적, 기술적 형태의 지식이 지배하는 산업화 사회에 살고 있다. 과학적, 기술적 형태의 지식은 은유의 유희와 인간 생활의 개인적 깊이의 차원을 최소화한다. 많은 사람에게 '실제' 진실은 기술적인 진실, 즉 은유와 상징이 없는 진실을 의미한다. 우리는 주로 광고 속에서 상징주의를 접하게 되는데 그런 상징주의의 사용은 의심을 불러일으키고 종종 무관심을 낳는 것으로 끝난다.

나는 우리가 일반적으로 가지고 있는 은유와 상징에 대한 문화적 혐오를 하나님은 가지고 계시지 않는다고 확신한다 …. 하나님께서 쓰신 구약성경에는 상당한 양의 시와 많은 은유적 표현이 담겨 있다. 우리는 상징과 은유가 학문적이고 과학적인 정밀성 없이도 진실하고 강력하게 말할 수 있다는 사실에 적응해야 한다.

상징은 모든 것을 명백하게 말하거나 아주 명확하게 만들지 않으면서도, 심오한 진리 또는 서로 관련된 여러 진리를 암시할 수 있다. 상징은 다양한 연관성을 암시할 수 있기 때문에 어느 정도 신비로운 요소가 남아 있을 수 있다.[42]

다시 말해서, 이스라엘의 제의에서 묘사된 하나님의 어린양의 영광을 묵상하는 이 연습은 우리를 혼란스럽고 조심스럽게 만들 뿐만 아니라, 심지어 약간은 회의적으로 만들 수도 있다. 그러나 내가 히브리서(그리고 나머지 신약성경)를 올바르게 읽는다면, 문제는 우리에게 있는 것이다.

따라서 나는 당신이 성막에서 그리스도를 볼 수 있는 길로 나아가기 위해 신뢰할 만한 주석가(예: 포이트레스[Poythress])[43]를 찾아 도움을 얻을 것을 권한다. 예를 들어, 성막의 두 가지 기구에서 그리스도를 볼 수 있다.

---

42 Vern S. Poythress, *The Shadow of Christ in the Law of Moses* (Brentwood, Tenn.: Wolgemuth & Hyatt, 1991; Phillipsburg, N.J.: P&R Publishing, 1995), 38.

1) 성소에 있는 등잔대의 영원한 빛은 세상에 오실 참빛을 가리킨다(출 27:20-21; 레 24:1-4)

(그리스도께서 항상 성령으로 충만하심같이) 등잔은 계속해서 기름으로 채워져 밤낮으로 성막을 밝힐 수 있었다. 그 빛은 예배자들에게 그들의 창조주이시며 구속주이신 하나님을 생각나게 했다.

창조주 하나님은 어두움에 빛을 비추셨고, 구속주로서 밤에는 불기둥이 되셔서 그들을 애굽에서 이끌어 내사 광야를 지나 약속의 땅으로 인도하셨다.

이 이미지는 우리의 창조주이자 구원자이신 그리스도를 가리킨다(골 1:15-20). 그리스도는 우리를 재창조하시기 위해 우리의 어두운 영혼을 비추는 빛이시며(고후 4:6), 눈먼 자가 볼 수 있도록 하기 위해 영적 어둠을 비추는 참빛이시다(요 1:5, 9; 8:12; 9:3-6).

우리는 등잔대와 그 이미지에서 더 많은 의미를 발견할 수 있다. 우리는 나뭇가지와 살구꽃을 가진 나무의 형상을 가진 등잔대의 모양에 대해 이야기할 수 있고, 그리스도를 생명의 나무이자, 세상에 새 생명을 주는 빛의 열매로 볼 수 있다. 그러나 이 몇 가지 제안은 그리스도에 대한 당신의 묵상을 촉진하기 위한 것일 뿐이다.

2) 진설병은 하늘에서 내려오는 참떡을 가리킨다(출 25:23-30)

이 떡은 식사의 주인이신 하나님과 하나님이 먹이시고 보호하실 하나님의 영광스러운 손님이신 예배자들의 즐거운 상징이었다. 하나님은 광야에서 날마다 그 백성들에게 만나를 주셨기 때문에 진설병은 하나님의 선하심과 매일의 공급하심의 상징인 만나와 그 달콤한 맛을 상기시켰다.

예수님은 자신이 그 그림자 뒤에 있는 실체임을 분명히 하셨다.

> 예수께서 이르시되 내가 진실로 진실로 너희에게 이르노니 모세가 너희에게 하늘로부터 떡을 준 것이 아니라 내 아버지께서 너희에게 하늘로부터 참떡을 주시나니 하나님의 떡은 하늘에서 내려 세상에 생명을 주는 것이니라 ⋯ 예수께서 이르시되 나는 생명의 떡이니 내게 오는 자는 결코 주리지 아니할 터이요 나를 믿는 자는 영원히 목마르지 아니하리라(요 6:32-33, 35).

이 몇 가지 암시적 구절들을 출발점으로 해서 구약성경의 제의에서 그리스도를 찾아보라. 신약성경 속에 있는 풍부한 이미지를 찾아보라.[43] 요컨대, "모세는 장래에 말할 것을 증언하기 위하여 하나님의 온 집에서 종으로서 신실하였다"(히 3:5). 모세가 성막을 짓고 제사를 드릴 때 행한 모든 것은 나중에 계시된 그리스도의 일들을 미리 엿보는 것이었다. 그리스도에 대한 이런 어둡지만 영광스러운 모습들은 구약 시대 교회의 생명이었다.

---

43 [요 1:29, 36; 6:32-35; 고전 5:7; 골 2:17; 히 4:14-16; 5:1-10; 8:2; 9:7-15, 18-28; 10:19-22; 13:10-13; 벧전 1:18-19 등] 참조.
히브리서에 대한 주석은 분명히 유용한 2차 자료가 될 것이다.

4. 그리스도, 영광스러운 연인

성경에 나오는 결혼은 언제나 사랑과 친절 속에서 하나님과 그분의 백성들의 영적 친밀감을 나타낸다.

> 마치 청년이 처녀와 결혼함 같이 네 아들들이 너를 취하겠고 신랑이 신부를 기뻐함 같이 네 하나님이 너를 기뻐하시리라(사 62:5).[44]

아가서 전체는 신랑 신부의 사랑을 영광스럽게 보여 주는 책이며, 교회는 항상 아가서에서 자기 백성을 향하신 하나님의 인자하심과 하나님을 향한 그 백성들의 끈질긴 사랑에 관한 상상의 은유나 비유를 보며 기뻐했다.

신약성경에서 그리스도는 자신이 교회의 신랑임을 밝히시고(요 3:29; 계 21:9), 바울은 결혼을 가리켜 그리스도와 그분의 신부에 대한 신비로운 묘사라고 설명한다.

> 그러므로 사람이 부모를 떠나 그의 아내와 합하여 그 둘이 한 육체가 될지니 이 비밀이 크도다 나는 그리스도와 교회에 대하여 말하노라(엡 5:31-32).

그리스도께 가까이 나아간 많은 사람이 아가서에 묘사된 열정 속에서 그리스도와의 친밀함을 발견한다. 다시 말하지만, 은유, 이미지,

---

[44] [사 49:8; 61:10; 렘 2:2; 겔 16:8-14] 참조.

예표(typology)를 무시하는 20세기의 성향은[45] 우리가 이 사랑의 노래에서 우리 자신과 그리스도의 관계를 읽는 것을 지나칠 정도로 꺼리게 만들 수도 있다. 그러나 지난 수 세기 동안 우리보다 앞서간 신실한 성도들은 그런 거리낌을 느끼지 못했다.

심지어 우리 시대 교회에 만연한 수많은 무절제함을 믿음으로 바로잡아 온 신중한 청교도 선조들조차도 아가서에 나오는 우리의 신랑이신 그리스도의 영광을 음미하면서 기꺼이 그 신비를 즐겼다.[46]

아가서에 대한 이 즐거운 해석은 청교도들과 함께 사라지지 않았다. 아가서 2장 3절의 신랑을 반영한 미국의 전통 크리스마스 캐롤인 〈사과나무 예수 그리스도〉(Jesus Christ Apple Tree)를 생각해 보라. 이 노래는 우리에게 그리스도에 대한 하나의 이미지가 갖고 있는 함의를 파헤치고, 그 이미지로부터 그리스도의 영광이 한 겹씩 펼쳐지는 방법을 보여 준다.

〈사과나무 예수 그리스도〉

내 영혼이 본 생명의 나무,
과일이 가득하고 항상 푸르러 있습니다.
열매 없는 자연의 나무는
사과나무 그리스도와 비교할 수 없습니다.

---

45 나는 21세기도 마찬가지라고 생각한다.
46 조나단 에드워즈와 우리가 사랑하는 존 오웬은 당신이 찾을 수 있는 최고의 모범이다.

모든 것에 뛰어난 그분의 아름다움.

믿음으로 알지만 결코 말할 수 없습니다.

내가 지금 볼 수 있는 영광은

사과나무 예수 그리스도 안에 있습니다.

내가 오랫동안 추구해 온 행복,

그리고 내가 비싼 대가를 치르고 사들인 기쁨을 위해.

나는 모든 것을 놓쳤지만, 이제야 알았습니다.

그것은 사과나무 그리스도 안에 있습니다.

이전의 노고에 나는 지쳤습니다.

여기 앉아서 좀 쉴 것입니다.

내가 그 그림자 아래 있을 때, 나는 쉴 것입니다.

사과나무 예수 그리스도.

이 과일은 내 영혼을 번성하게 하고,

그것은 나의 죽어 가는 믿음을 살려 줍니다.

그래서 내 영혼은 서두릅니다.

사과나무 예수 그리스도와 함께하기 위해.[47]

---

[47] *Divine Hymns* or *Spiritual Songs*., comp. Joshua Smith (New Hampshire, 1784).

성막과 성전에 있는 어린양의 영광의 그림자와 형상, 그리고 그리스도의 아름다움과 은혜와 사랑을 보여 주는 아가서를 통해 구약의 성도들이 볼 수 있었던 그리스도의 영광의 깊이를 짐작할 수 있다. 기쁨과 감탄의 거룩한 합창, 기쁨의 황홀함, 이 열정적 애정을 볼 때 구약의 성도들을 측은하게 여길 필요가 없다.

하나님은 그들에게 그리스도와 교제하는 방법, 즉 믿는 자들이 그리스도의 영광을 발견하는 방법을 주셨다. 그 방법 안에서 며칠, 혹은 몇 시간 동안 묵상하는 것은 이 세상의 모든 보화를 능가하는 경이로움이다.

5. 그리스도, 하나님의 영광스러운 사자

그리스도는 구약 시대 교회의 지도자들에게 여러 번 나타나셨다. 이 현현은 그리스도의 성육신의 서곡이었다. 그리스도는 자신이 어떤 사람이 될 것인지를 보여 주시기 위해 사람의 모습으로 나타나셨다. 그리스도는 일종의 "일시적 성육신"처럼 인간 본성을 창조하여 자신과 결합시키지 않으셨다.

자신의 신성한 능력으로 사람의 형체를 취하셨고(그 형체가 무엇으로 만들어졌는지는 알 수 없지만) 현현을 마치신 후에는 그 형체를 즉시 사라지게 하셨다. 그리스도는 이런 방식으로 아브라함, 야곱, 모세,

여호수아와 다른 사람들에게 나타나셨다.[48]

그리고 그리스도는 구약성경의 시작부터 끝까지 교회 안에서 그리고 교회와 함께 사셨던 신성한 인격이시기 때문에 장차 인간 본성을 취할 때가 올 것을 암시하기 위해 자주 인간적 감정을 보여 주셨다. 사실 우리는 타락 이후 구약성경에서 하나님에 대해 말하는 것은 장차 오실 그리스도의 성육신과 관련된 것 외에는 아무것도 없다고 말할 수 있다.

만일 그리스도께서 그런 감정을 느낄 수 있는 유일한 본성을 취하실 생각이 전혀 없으셨다면, 하나님을 슬퍼하시고, 후회하시고, 진노하시며, 기뻐하시는 분으로 그토록 자주 묘사한 것은 터무니없는 일이었을 것이다.

6. 그리스도, 영광스러운 환상

선지자들은 환상 속에서 그리스도의 영광을 보았다. 요한은 이사야서 6장 1-5절에 나오는 그리스도의 영광이 성전에 가득 차서 흘러넘치는 장엄한 환상을 언급하면서 이사야 선지자가 "예수님의 영광을 보았고 그에 대해 말했다"(요 12:41)라고 밝힌다.

---

48 Charles Hodge, *Systematic Theology*, 3 vols. (Reprint. Grand Rapids: Eerdmans, 1982), 1:484-95.

요한은 그리스도께서 사흘 만에 헐고 재건할 성전(요 2:19-21), 즉 사람이신 그리스도의 몸에 하나님의 충만함이 넘치는 것을 보았다(골 2:9과 비교). 이사야는 이 광경을 보고, 두려워서 어찌할 바를 몰랐다. 이사야는 그 영광스러운 분의 사역에 의해서만, 즉 그의 죄가 제단의 숯으로 태워졌을 때에야 비로소 회복되었다. 이 모든 것이 장차 올 어린양의 희생과 속죄를 상징한다(사 6:6-7).

이것은 신자들의 영혼을 위한 양식이었다(그리고 지금도 그러하다).

7. 그리스도, 영광스러운 약속

구약성경의 수많은 약속이 그리스도의 성육신과 우리가 관심을 갖는 그리스도의 영광에 대해 설명했다.

> 이는 한 아기가 우리에게 났고 한 아들을 우리에게 주신 바 되었는데 그의 어깨에는 정사를 메었고 그의 이름은 기묘자라, 모사라, 전능하신 하나님이라, 영존하시는 아버지라, 평강의 왕이라 할 것임이라. 그 정사와 평강의 더함이 무궁하며 또 다윗의 왕좌와 그의 나라에 군림하여 그 나라를 굳게 세우고 지금 이후로 영원히 정의와 공의로 그것을 보존하실 것이라 만군의 여호와의 열심이 이를 이루시리라 (사 9:6-7).

이 약속이 주어졌을 때, 이 약속은 지금처럼 명확하지 않았다. 그러나 우리는 이 약속이 어떻게 성취되었는지를 볼 수 있으며, 우리에게는 이 약속을 설명해 주시는 사도들과 그리스도가 있다. 그리스도는 자신이 언제 어디서 태어나고 어떤 사람이 되며 어떻게 고난을 받고 죽은 자 가운데서 살아날 것인지에 대한 모든 약속에 정확히 응답하셨다. 이 모든 것이 너무도 분명하기에 오직 불신과 교만으로 눈먼 자들만이 그리스도의 영광을 볼 수 없다.

8. 그리스도, 영광스러운 백합, 어린양, 사자(Lion)

구약성경은 그리스도의 영광을 나타내는 은유로 가득 차 있다. 우리 주님은 다른 것들과 비교하여 그분의 은혜로운 아름다움을 보여 주기 위해 백합이라고 불린다(아 2:1-2). 주님은 그분의 사랑과 은혜와 순종의 달콤한 향기 때문에 장미라고 불린다(아 2:1). 주님은 온순하고 온화하신 주님은 제사에 합당한 어린양(창 22:8)이시며, 강력한 사자(사 31:4)이시다.

시인들은 단순히 말로 전달하기보다는 은유를 통해 시각적으로 전달한다. 즉, 추상적 묘사보다 더 강한 인상을 마음에 심어 준다. 예를 들어, "여호와는 나의 목자"라는 표현은 하나님이 공급자이시며 보호자이심을 설명하는 글과는 비교할 수 없는 깊은 의미를 우리 마음에 새겨 준다.

은유는 우리의 더 많은 감각에 호소하며, 우리가 은유를 이해하려고 애쓰도록 강요하고, 심지어 그 풍성함을 발견하는 것을 즐기도록 만든다. 따라서 지혜로우신 하나님께서 우리 주변의 자연적 이미지들을 통해 우리에게 강력한 영적 진리를 보여 주시는 것은 당연하다. 마음속으로 은유를 이리저리 생각해 보는 것은 그리스도의 영광을 맛보고 즐기는 좋은 방법이 될 수 있다.

9. 그리스도, 영광스러운 중심

이제 당신은 내가 구약성경의 중심이 그리스도임을 믿는다는 것을 알았을 것이다. 그분이 누구신지, 언제 오실지, 무엇을 하실지에 대한 모든 약속과 예언과 예측은 그리스도 안에서 교회에 베푸시는 하나님의 지혜와 은혜와 사랑과 더불어 구약성경 전체를 관통하는 생명줄이다. 이것이 바로 그리스도께서 모세와 모든 선지자를 통해 제자들에게 계시해 주신 것들이다(눅 24장).

그리스도는 그분의 대적들에게 다음과 같이 말씀하셨다.

> 너희가 성경에서 영생을 얻는 줄 생각하고 성경을 연구하거니와 이 성경이 곧 내게 대하여 증언하는 것이니라(요 5:39).

구약성경 속에서 그리스도를 찾을 수 없다면 그 이유는 우리의 마음이 가리워져 있기 때문이다. 그리고 구약성경에서 그리스도의 영광을 찾아보려고 노력하지 않는 한 우리는 구약성경을 읽고 연구하거나 묵상할 수 없다. 그리스도가 없는 구약성경은 봉인된 책일 뿐이다.

제8장은 구약성경에 있는 그리스도의 영광의 바다에서 길어 올린 아주 적은 내용에 불과하다. 그리스도께서 모세와 선지자들을 통해 자신이 주제가 되심을 제자들에게 어떻게 보여 주셨는지 기억하라. 그리고 이 장에서 발견한 간략한 암시들을 자신의 묵상에 활용하라.

그리고 모세, 다윗, 룻, 다니엘과 함께 어린양께 영광의 노래를 부를 때까지 레위기, 역대기, 민수기, 예레미야 애가의 낡고 먼지 쌓인 구절들 속에서 그리스도의 영광이 불타오르게 하라.

[반성과 토론을 위하여]

1. 그리스도는 교회의 신랑이시며, 교회는 그리스도의 아름다운 신부이다. 그리스도의 신부로서 아가서 5장 9절에 나오는 사랑하는 사람의 질문에 답해 보라.
   "여자들 가운데에 어여쁜 자야 너의 사랑하는 자가 남의 사랑하는 자보다 나은 것이 무엇인가?"

2. 구약성경에서 그리스도를 지칭하는 은유를 고르라. 이 장에서 이미 언급한 구절들 중 하나 또는 다음 구절들 중 하나를 선택하라.

   - 이새의 줄기(사 11:1)
   - 영존하시는 아버지(사 9:6)

- 평강의 왕(사 9:6)
- 샘(슥13:1)
- 종(사 52:13-15)
- 견고한 기촛돌(사 28:16)

선택한 은유가 어떻게 그리스도의 영광을 드러내는지 묵상하는 시간을 가지라. 그리고 당신이 선택한 은유에 나오는 그리스도를 찬양하는 기도문을 5-6문장으로 작성해 보라.

3. 이 장에 수록된 〈사과나무 예수 그리스도〉라는 시를 그리스도를 묵상하는 지침으로 사용하라. 이 시가 노래하는 그리스도의 영광의 측면들 중 몇 가지를 말해 보라.

4. 등잔대나 진설병 이외에 성막의 기구들 중 하나를 택하고, 그것이 모세 시대의 신자들에게 메시아의 영광을 어떻게 표현했는지에 대하여 4-5 문장으로 작성해 보라(출 25-30장 참조).

제9장
정당한 교환

> 나의 진정한 사랑이 내 마음을 가졌으니,
> 나 또한 그의 마음을 가졌네.
> 공정한 교환으로 서로 주고받았으니,
> 나는 그의 마음을 소중히 여기고,
> 그도 내 마음 없이는 살 수 없네.
> 이보다 더 나은 거래는 결코 없었도다.
> - 필립 시드니 경 -

1. 부당한 교환

『레 미제라블』(*Les Miserables*)의 영웅 장발장은 자신의 비참한 과거와 자베르 경감의 끈질긴 추적을 피해 도망 다니고 있는 전직 죄수이다. 장발장은 다른 범죄로 인해 체포된 샹마티외가 자신으로 오인되어 재판을 받게 되면서 자신의 과거와 자베르 모두에게서 영원히 벗어날 수 있는 절호의 기회를 맞이하게 된다. 세 명의 죄수가 법정에서 샹마티외가 장발장이라고 진술했기 때문에 샹마티외는 틀림없이 장발장 대신 억울한 누명을 쓰고 처벌을 받을 것이다.

장발장은 샹마티외가 대신 처벌을 받게 내버려 두고 싶은 유혹을 받는다. 결국, 발장은 샹마티외는 분명 범죄자이고 어차피 벌을 받아 마땅하다고 생각한다. 샹마티외가 자기 대신 형벌을 받게 되면 장발장은 자베르의 집요한 추적에서 벗어나 자기가 지금 원하는 좋은 일, 즉 버림받은 팡틴과 그녀의 딸 코제트를 돌보면서 시장으로서 자기가 맡은 도시를 위해 계속 일할 수 있다.

그러나 만약 장발장이 법정에서 자신이 진짜 장발장임을 밝히고 법의 처벌을 받는다면 이 모든 좋은 일을 할 수 없게 된다. 장발장은 다른 사람이 자기 대신 고통받고 있다는 생각에 견딜 수 없었다. 그 부당함이 장발장의 마음을 짓눌렀고, 심지어 다음과 같은 생각까지 하게 되었다.

> 그는 다시 한번 강도가 되어 가고 있었고, 가장 혐오스러운 강도가 되어 가고 있었다. 그는 자신의 존재, 생계, 평화, 그리고 자유를 다른 사람에게서 강탈하고 있었다. 그는 비참한 사람을 도덕적으로 죽이는 암살자가 되어 가고 있었다. 그는 그에게 무시무시한 산송장 같은 생활, 갤리선이라고 불리는 야외 죽음을 가하고 있었다.[50]

장발장은 자신이 누릴 수 있는 모든 것에도 불구하고 샹마티외가 자신을 대신해 고통받도록 내버려둘 수 없었다.

---

[50] Victor Hugo, *Les Misérables*, 1.7.3.

남의 죄로 인해 죄로 인해 억울하게 고통당하는 사람을 볼 때 우리의 양심은 불편함을 느낀다. 그러나 만약 당신이 교회에서 성장했다면, 복음에서 당신이 가장 먼저 배운 것은 "그리스도께서 우리의 죄를 위해 죽으셨다"(고전15:3)는 말씀일 것이다. 그리고 "그리스도께서 나를 위해 죽으셨다"는 이 말씀이 당신의 인생의 어느 시점에서 당신에게 소중한 말씀이 되었을 것이다.

그러나 만약 그것이 당신의 이야기라면, "그리스도께서 우리의 죄를 위해 죽으셨다"는 말씀이 당신에게 결코 이상하게 들리지 않았을 것이다.

그러나 한번 생각해 보라.

우리가 어떤 끔찍한 잘못을 저질렀고, 다른 누군가가 그 잘못 때문에 고통을 받았다.

이 말이 거슬리는가?

당신과 당신의 동생이 핫 휠(Hot Wheels, 역자주: 미국의 장난감 회사인 마텔에서 만든 장난감 자동차 브랜드)을 가지고 놀다가 당신의 코브라 머스탱(Cobra Mustang, 역자주: 포드자동차의 한 모델명)이 동생의 바이퍼(Viper, 역자주: 스포츠카의 한 모델명)를 박살냈다고 가정해 보자. 화가 난 동생이 당신에게 욕을 하는 순간 아빠가 방에 들어오셨다. 그런데 아빠는 허리띠를 풀어 욕을 한 동생이 아니라 당신을 때린다.

좀 불공평하다고 생각되지 않는가?

그렇게 말하고 보니 뭔가 잘못된 것처럼 들린다. 그러나 우리의 영원한 소망은 다른 누군가가 우리가 행한 끔찍한 일에 대해 자신의 목숨으로 값을 치렀다는 사실에 달려 있다.

만약 이것이 정말로 불공평한 일이라면, 이 불공평함이 말하고 있는 하나님의 성품은 무엇일까?

만약 하나님이 그토록 무신경하게 벌을 내리시는 분이라면 어떻게 세상의 심판자가 되실 수 있겠는가?

성경은 모든 이의 제기에 답하고, 하나님의 공의와 의로우심을 옹호한다. 그리스도께서 자기 백성의 죄를 위해 고난을 당하시는 것은 단지 '괜찮은' 것이 아니라 옳고 선하며 의로운 일이었다.

성경은 그리스도와 그분의 백성 사이에 연합이 있다고 가르친다. 그 연합은 너무나도 친밀하여, 하나님은 그리스도께서 행하신 모든 사역과 고난을 마치 우리가 행하고 고난당한 것처럼 여기신다. 즉, 하나님은 마치 우리가 이미 우리의 죗값을 다 치른 것처럼 우리를 용서해 주시고, 마치 우리가 하나님의 법에 완벽하게 순종한 것처럼 우리에게 상을 주신다. 우리의 믿음을 강화하고 그리스도의 영광을 보는 방법은 바로 이 정당한 교환을 이해하는 것이다.

베드로의 말을 들어보라.

> (그리스도께서) 친히 나무에 달려 그 몸으로 우리 죄를 담당하셨으니(벧전 2:24).

> 그리스도께서도 단번에 죄를 위하여 죽으사 의인으로서 불의한 자를 대신하셨으니 이는 우리를 하나님 앞으로 인도하려 하심이라(벧전 3:18).

우리의 정의감은 선한 사람이 악한 사람을 위해 죽는다는 생각에 거부감을 느낀다. 그리고 성경은 이에 대한 '책임'이 하나님께 있다고 분명히 말한다.

> 여호와께서는 우리 모두의 죄악을 그에게 담당시키셨도다(사 53:6).

이 점에서 우리는 어떻게 하나님의 공의를 옹호할 수 있을까?

이 문제와 하나님께서 어떻게 이 문제를 해결하셨는지를 이해하기 위해서는 약간의 배경 지식이 필요하다.

하나님이 택하신 모든 백성은 인류의 일원으로서, 아담의 죄로 말미암아 하나님의 저주 아래 놓이게 되었다(롬 5:12 이하). 이 저주는 곧 사망, 즉 지옥의 영원한 사망을 의미했고, 아무도 그 영원한 저주에서 살아남아 구원받을 수 없었다.

단순히 우리의 죄를 덮어 주시는 일은 하나님께 불가능하다. 우리의 죄를 덮어 주신다는 것은 하나님 스스로 자신의 공의, 거룩함, 진리를 부정하는 것이기 때문이다. 모세가 말한 바와 같이 하나님은 "벌을 면제하지는 아니하신다"(출 34:7). 그러므로 하나님은 마땅히 저주 아래 있는 백성을 구원하시는 동시에 하나님의 공의와 거룩하심을 유지하시기 위해 그 백성을 대신하여 그 저주의 무게를 감당할 수 있는 다른 누군가를 찾으셔야만 했다.

하나님의 백성을 대신하여 형벌을 받는다는 이 개념은 성경 전체에서 배울 수 있는 복음의 핵심 진리이다. 하나님은 창세기 3장 15절의 첫 번째 복음 약속에서 메시아가 고난당할 것(뱀이 "그의 발꿈치를 상하게 할 것")을 암시하셨고, 나중에 모세를 통해 주신 희생 제사와 예배 의식을 통해서 이를 명확히 밝히셨다.

이것이 바로 하나님의 백성이 희생 제물로부터 배워야 할 가장 중요한 진리, 즉 그들이 받아야 할 형벌을 피하기 위해서는 그들의 죄가 누군가에게 전가되어야 한다는 것이다.[51]

2. 정당한 교환으로

하나님은 오직 옳은 일만 하실 수 있다(창 18:25). 하나님께서 하시는 일을 보면 무엇이 옳은 일인지 알 수 있다. 오직 옳은 일만 행하시는 이 하나님은 종종 다른 사람들의 죄로 인해 어떤 사람들을 벌하셨다. 그러므로 적어도 어떤 경우에는 그런 형벌이 공의롭다.

사실 하나님은 십계명을 통해 이렇게 하신다는 것을 분명히 밝히셨다.

> 그것들에게 절하지 말며 그것들을 섬기지 말라 나 네 하나님 여호와는 질투하는 하나님인즉 나를 미워하는 자의 죄를 갚되 아버지로부터 아들에게로 삼사 대까지 이르게 하거니와(출 20:5).

예레미야 선지자는 이 일이 일어났다고 확증했다.

---

51 이것이 제사장이 희생 제물의 머리 위에 손을 얹는 이유이며, 이는 백성의 죄를 짐승에게 전가시키는 것을 상징한다. 레위기 3-4장을 참조하라.

> 우리의 조상들은 범죄하고 없어졌으며 우리는 그들의 죄악을 담당하였나이다 (애 5:7).

또한, 이런 경우들이 예외가 아님을 보여 주는 다른 예들이 충분히 많다.

하나님께서 유다 백성들을 바벨론에 포로로 보내셨을 때, 하나님은 그들의 조상들의 죄, 특히 므낫세 시대에 지은 죄로 말미암아 그들을 벌하셨다(왕하 23:26-27).

하나님은 그의 조상 함의 죄로 인해 가나안을 저주하셨다(창 9:25).

사울의 일곱 아들들은 아버지 사울의 잔인함 때문에 죽임을 당했다(삼하 21:9, 14).

다윗왕이 "나는 범죄하였고 악을 행하였거니와 이 양 무리는 무엇을 행하였나이까 청하건대 주의 손으로 나와 내 아버지의 집을 치소서"(삼하 24:15-17)라고 간구했음에도 불구하고, 하나님은 다윗왕의 죄 때문에 천사를 보내셔서 이스라엘 백성 7만 명을 죽이도록 하셨다.

아합의 극한 악행에도 불구하고 하나님은 아합에 대해 "아합이 내 앞에서 겸비함을 네가 보느냐 그가 내 앞에서 겸비하므로 내가 재앙을 저의 시대에는 내리지 아니하고 그 아들의 시대에야 그의 집에 재앙을 내리리라"(왕상 21:29)라고 말씀하셨다.

홍수와 소돔과 고모라의 유황불 속에서 멸망당한 아이들과 유아들도 마찬가지였다. 그리고 예수님은 하나님께서 이스라엘 민족을 끊어 버리실 때 창세부터 있어 온 모든 피 흘린 박해에 대한 심판을 그

마지막 세대에 내리셨다고 말씀하셨다.

> 창세 이후로 흘린 모든 선지자의 피를 이 세대가 담당하되 곧 아벨의 피로부터 제단과 성전 사이에서 죽임을 당한 사가랴의 피까지 하리라 내가 너희에게 이르노니 과연 이 세대가 담당하리라(눅 11:50-51).

이 각각의 사례는 하나님의 무서운 공의를 보여 준다. 이 예들은 공의롭고 참되고 거룩하신 하나님께서 때때로 다른 사람의 죄로 인해 어떤 사람들을 벌하신다는 사실을 의심의 여지없이 보여 주고 있다. 이는 명백한 사실이다.

3. 이 교환은 언제 정당한가?

따라서 다른 사람의 죄를 대신하여 누군가를 벌하는 것이 항상 잘못된 것은 아니다. 그러나 이런 일이 항상 옳은 것은 아니다. 죄를 짓는 사람들과 형벌을 받는 사람들 사이에는 특별한 이유, 즉 특별한 연결이나 연합이 있어야 한다. 이 연합에는 친밀한 관계와 긴밀한 상호 이익이 포함되어야 한다.

친밀한 관계는 성경에 나오는 대부분의 예와 같이 부모와 자녀 사이 또는 다윗의 경우처럼 왕과 신하 사이의 친밀한 관계여야 한다. 이 경우 죄인과 고난당하는 자는 한 몸으로 취급되어 손이 훔친 잘못에 대해 엉덩이가 책임을 진다(역자주: 어떤 물건을 훔친 것은 손이지만 그

체벌은 등이나 엉덩이에 가해진다).

그리고 죄를 지은 사람들은 자신의 죄로 인해 벌을 받는 사람들과 긴밀한 상호 이해관계를 가져야 한다. 마치 아버지가 아들이 매 맞는 것을 보고 괴로워하는 것처럼 그들 스스로도 벌을 받는다는 느낌을 가질 만큼 친밀해야 한다.

만약 하나님께서 광야에서 원망하던 백성들에게 말씀하셨던 것처럼 당신에게도 말씀하신다면 당신의 영혼에 얼마나 큰 부담이 느껴질지 생각해 보라.

> 너희의 자녀들은 너희 반역한 죄를 지고 너희의 시체가 광야에서 소멸되기까지 사십 년을 광야에서 방황하는 자가 되리라(민 14:33).

당신의 죄가 당신의 자녀들에게 끼친 결과를 생각하면 슬퍼하지 않을 수 없다. 그것은 당신 자신에 대한 징벌의 고통이 될 것이다.

그리스도와 교회의 연합은 세계 역사상 어떤 관계보다도 더 친밀하고 더 많은 상호 이해관계를 가지고 있다. 이런 이유로 인해 하나님께서 우리의 죄를 위해 자신의 어린양을 죽이시고, 어린양의 고난과 죽음을 우리 자신의 것으로 여기시는 것은 공의롭고 합당한 일이었다.

그리스도와의 연합에는 세 가지 연합, 즉 자연적 연합, 영적 또는 신비적 연합, 계약적 연합(언약의 경우처럼)이 있으며, 그리스도께서는 이 세 가지 연합 모두에서 우리와 특별하게 연합해 계신다

1) 자연적 연합

하나님은 모든 인류를 "한 혈통으로"(행 17:26) 창조하셨기에 우리 모두는 서로 연합되어 있다. 다른 모든 사람은 우리의 형제이자 이웃이므로 우리는 다른 사람들에게 친절해야 한다(눅 10:36). 그리스도께서는 성육신을 통해 이 자연스러운 연합을 교회와 공유하셨다.

> 자녀들은 혈과 육에 속하였으매 그도 또한 같은 모양으로 혈과 육을 함께 지니심은 죽음을 통하여 죽음의 세력을 잡은 자 곧 마귀를 멸하시며 또 죽기를 무서워하므로 한평생 매여 종노릇하는 모든 자들을 놓아 주려 하심이니(히 2:14-15).

그러므로 "거룩하게 하시는 이와 거룩하게 함을 입은 자들이 다 한 근원에서 났다"(히 2:11). 우리가 이미 살펴본 바와 같이, 주님께서 우리와 함께 우리의 본성에 참여하신 것은 우리 주님의 측량할 수 없는 겸손이었다. 그리고 그리스도께서 인간 본성으로 우리와 연합하신 것은 '자연스러운' 것이지만, 그리스도와 우리의 연합은 우리와 다른 모든 인류와의 자연적 연합과 구별되는 두 가지 특징이 있다.

첫째, 그리스도와 교회 사이의 이 자연적 연합은 본성에 의해 이루어진 것이 아니라 그리스도의 자발적인 의지적 행위로 이루어진 것이다.

다른 사람들과의 연합은 필수적이다. 우리는 모두 인간이기에, 우리가 원하든 원하지 않든 서로 형제자매이다. 이는 우리 삶의 엄연한 현실이며, 선택과는 아무런 관련이 없다. 그러나 주 예수 그리스도의 경우는 달랐다(히 2:11, 14-15 참조).

그리스도께서는 우리를 죽음에서 구원하시기 위해 우리의 살과 피, 그리고 우리와의 자연적 연합을 자유롭게 선택하셨다. 그러므로 한 사람이 단지 다른 사람들도 똑같은 인간이며 인간 본성을 어쩔 수 없이 공유한다는 이유만으로 다른 사람을 위해 고난을 받는 것이 잘못되었다고 생각할 수 있을지라도, 그리스도의 경우는 다르다. 그리스도는 자신의 자유로운 선택으로 교회와 연합하셨다.

둘째, 그리스도는 교회를 대신하여 순종하고 고난을 받으시기 위해 육신을 취하셨다.

히브리서 2장 14-15절은 그리스도께서는 "죽음을 통하여 죽음의 세력을 잡은 자 곧 마귀를 멸하시며 또 죽기를 무서워하므로 한평생 매여 종노릇하는 모든 자를 놓아 주시기" 위해 육신을 취하셨다고 말한다. 이것이 그리스도와 교회의 자연적 연합의 유일한 이유이며, 이 연합은 우리와 그리스도의 연합을 다른 사람들 사이의 그 어떤 연합과 비교할 수 없을 정도로 가깝게 만든다.

2) 영적 연합

이 연합은 다른 사람이나 사물 간의 가장 실제적이거나 도덕적인 연합에 비유될 수 있다. 내가 말하는 '실제적' 연합은 머리와 손, 또는 나무 줄기와 가지 사이의 연합과 같고, '도덕적' 연합은 남편과 아내 사이의 연합과 같다(이는 도덕적이면서 동시에 실제적이다).

성경은 그리스도와 그분의 교회 사이의 영적 연합이 그리스도께서 우리를 대신하여 고난당하신 근거가 된다고 가르친다. 에베소서 5장에서 바울은 교회를 그리스도의 신부라고 부르며 그리스도께서 "교회를 위하여 자신을 주셨다"(25절)라고 말한다.

그리스도는 교회의 머리이자 남편이셨기 때문에 그리스도께서 교회를 거룩하게 하시고 구원하실 수 있는 유일한 방법은 그리스도의 피와 고난뿐이었으며, 그리스도께서 행하신 일과 겪으신 고난을 우리의 것으로 여기는 것은 의로운 일이다.

3) 계약 또는 언약적 연합

사람들은 위임장이나 대리인 계약과 같은 법적 문서를 통해 다른 사람을 지정하여 자신을 대신하여 행동하게 함으로써 연합될 수 있다. 그리스도께서는 아버지께서 자기와 맺으신 이와 같은 관계로 우리와 연합되셨다.

> 그들은 맹세 없이 제사장이 되었으되 오직 예수는 자기에게 말씀하신 이로 말미암아 맹세로 되신 것이라
> "주께서 맹세하시고 뉘우치지 아니하시리니 '네가 영원히 제사장이라' 하셨도다"
> 이와 같이 예수는 더 좋은 언약의 보증이 되셨느니라(히 7:20-22).

하나님께서 맹세로 인치신 이 언약적 결합에서 그리스도는 (하나님께서 우리에게 요구하시는 모든 것을 하나님께 드리기 위해) 우리를 구원하

시고 거룩하게 하시기 위해 우리를 대신하여 고난을 받으셨다. 이 계약 때문에 그리스도께서 우리의 죄를 위해 벌을 받는 것은 전적으로 정당한 일이었다.

이것이 교회의 죄악과 형벌을 모든 면에서 무고하고 순결하며 의로우신 분께 전가시키는 거룩한 신비이다. 이 공의로운 교환이 복음의 생명이며, 영혼이며, 중심이다. 이 교환에서 그리스도는 우리 믿는 자들에게 측량할 수 없이 영광스럽고 귀한 분이시다. 이 교환에서 나타나는 그리스도의 영광은 상상할 수도, 말로 표현할 수도 없다.

4. 더 좋은 거래는 없다

우리는 이미 우리를 위해 순종하고 고난당하는 어린양의 무한한 겸손과 사랑에 대해 살펴보았다.[52] 그러니 이제는 그 결실을 통해 이 연합의 위대함을 살펴보자.

1) 이 연합은 죄의 용서에 있어서 하나님의 공의를 드높인다

하나님에 대한 우리의 가장 큰 생각 중 하나는 원칙과 통치에서 하나님의 공의에 관한 것이다. 죄를 벌하는 것은 하나님의 권리이며, 죄에 대한 징계는 하나님께서 피조물을 다스리실 때 가장 먼저 하신

---

52 제6장을 참조하라.

일 중 하나이다. 하나님은 아담과 하와를 낙원에서 쫓아내셨다(창 3장). 그러나 그 이전에도 이미 하나님은 사탄과 그와 함께 반역한 천사들을 벌하셨다.

타락으로 말미암아 하나님께서 택하신 모든 사람이 죄인이 되었다. 아담이 우리를 대표했으므로 우리 모두는 아담 안에서 죄를 지었을 뿐만 아니라, 우리 스스로도 계속해서 죄를 짓는다.

공의의 하나님은 우리에게 무엇을 하셔야 할까?

우리의 범죄와 반역을 못 본 체하고 우리 모두를 처벌하지 않고 내버려두셔야 할까?

만약 그렇다면 태초에 아담이나 죄를 지은 천사들 중 그 누구도 용서하지 않으셨던 하나님의 공의와 일치할 수 없다. 한편으로는 하나님의 의로우심과 다른 한편으로는 죄의 용서가 너무 모순되어 보이는 사실 때문에 많은 사람이 걸려 넘어진다(롬 10:3-4 참조).

하나님은 "죄인을 벌하지 않은 채로 두지 않으신다"(출 34:7)는 진리와 하나님은 "악인을 의롭다 하신다"(롬 4:5)는 말씀을 어떻게 조화시킬 수 있을까?

그러나 그리스도께서 교회와 연합하시고 교회의 형벌을 짊어지실 때 우리는 하나님의 의로우심과 용서 사이에 영광스러운 조화가 있음을 알게 된다. 이 연합 때문에 "여호와께서는 우리 모두의 죄악을 그에게 담당시키셨다"(사 53:6)는 것과 우리를 값없이 그리고 은혜로 용서하신 것은 완벽하게 공의로운 일이었다. 우리를 위해 어린양을 도살하신 일에서 우리는 하나님의 공의와 자비의 영광이 가장 크게 드러나는 것을 보게 된다.

처벌받지 않은 채 남아 있는 죄는 단 하나도 없다.[53] 우리는 하나님의 구속의 은혜를 마음껏 즐긴다.

> 이제는 율법 외에 하나님의 한 의가 나타났으니 율법과 선지자들에게 증거를 받은 것이라 곧 예수 그리스도를 믿음으로 말미암아 모든 믿는 자에게 미치는 하나님의 의니 차별이 없느니라 모든 사람이 죄를 범하였으매 하나님의 영광에 이르지 못하더니 그리스도 예수 안에 있는 속량으로 말미암아 하나님의 은혜로 값없이 의롭다 하심을 얻은 자 되었느니라 이 예수를 하나님이 그의 피로써 믿음으로 말미암는 화목제물로 세우셨으니 이는 하나님께서 길이 참으시는 중에 전에 지은 죄를 간과하심으로 자기의 의로우심을 나타내려 하심이니 곧 이 때에 자기의 의로우심을 나타내사 자기도 의로우시며 또한 예수 믿는 자를 의롭다 하려 하심이라(롬 3:21-26).

그리스도는 하나님, 천사, 인간이 보기에 영광스럽게 이 문제를 해결하신다. 하나님과 같은 신성한 행위의 측면에서 그리스도 안에는 공의와 자비가 동시에 넘쳐 흐른다. 하나님의 의와 죄인의 구원 사이의 명백한 불일치, 즉 어떤 사람들의 양심을 괴롭혀 그리스도를 거부하게 하고 영원히 잃어버리게 만드는 그 불일치는 제거되고 사라진다.

---

53 지금까지 지은 모든 죄는 자기 백성을 위해 십자가에 달리신 그리스도 안에서 또는 영원토록 지옥에 있는 죄인에 의해 처벌을 받는다.

그리스도의 십자가에서 하나님의 어린양에 대한 신성한 거룩함과 응징적 공의가 입증되었으며, 그리스도의 승리에서 은혜와 자비가 흘러나왔다. 이 영광은 신자들의 마음을 사로잡고 영혼을 만족시킨다. 하나님께서 자기 의를 선포하시고 자비를 베푸시는 것을 영원히 기뻐하신다는 것을 한눈에 보는 것보다 우리가 더 바랄 것이 무엇이 있겠으며, 우리의 영혼을 보다 더 완벽하게 진정시키고 안정시켜 주는 것이 무엇이 있겠는가.

> 이에 대한 합당한 이해로 내 영혼이 살게 하소서. 이에 대한 믿음으로 내가 죽게 하시며, 이 영광에 대한 현재의 존경이 그 아름다움과 충만함 속에서 영원한 즐거움을 위한 길을 만들게 하소서.[54]

2) 이 연합이 영광스러운 이유는 이 연합에서 하나님의 율법의 완전함을 보기 때문이다

아담으로 말미암아 타락한 우리는 더 이상 하나님께서 요구하신 율법을 지킬 수 없다.[55] 만약 하나님의 율법이 깨어지고 성취되지 않

54　John Owen, *The Glory of Christ*, in volume 6 of his Works, ed. William Goold (Edinburgh: Johnstone and Hunter, 1850-53), 359.
55　이것이 바로 '원죄' 또는 우리 본성의 부패에 관한 교리이다. 이 교리에 대한 광범위한 설명은 Jonathan Edwards, *The Great Christian Doctrine of Original Sin Defended; Evidences of Its Truth Produced, and Arguments to the Contrary Answered*(1758)를 참조하라. 그에 대한 요약은 Louis Berkhof, *Systematic Theology* (Grand Rapids: Eerdmans, 1941), 244-54를 보라.

앉다면 그 누구도 율법에 들어 있는 하나님의 지혜와 거룩함과 의를 볼 수 없었을 것이다.

사람들에게 결코 성취할 수 없는 율법을 주시는 하나님이시라면 결코 완벽한 하나님이라고 할 수 없다. 율법을 지킨 대가로 영원한 보상을 약속했지만 아무도 율법을 지킬 수 없다면 율법은 하나님의 지혜를 나타낼 수 없다. 우리는 결코 율법을 지킬 수 없다.

그러나 그리스도의 순종을 통해, 그리스도께서 우리와 연합하심으로 말미암아 우리를 위해 성취된 율법은 하나님의 영광을 위해 우리 안에서 성취되었다.

> 율법이 육신으로 말미암아 연약하여 할 수 없는 그것을 하나님은 하시나니 곧 죄로 말미암아 자기 아들을 죄 있는 육신의 모양으로 보내어 육신에 죄를 정하사 육신을 따르지 않고 그 영을 따라 행하는 우리에게 율법의 요구가 이루어지게 하려 하심이니라(롬 8:3-4).

그리스도께서 우리를 위해 율법을 지키신다는 견해는 영광스러운 닻과 같다. 우리의 영혼이 두려움으로 무너지고 우리의 양심이 유혹과 죄로 인해 괴로워할 때 우리의 믿음은 그리스도의 순종을 붙잡을 수 있다. 그리스도는 하나님의 모든 요구를 만족시키셨다.

그리스도는 이 친밀한 연합으로 우리와 함께하시고 우리를 위해 순종하시기 때문에 우리는 율법의 가장 무서운 위협에도 두려워할 이유가 없다. 우리는 그리스도와의 연합을 통해 이해를 초월하는 평안을 누린다.

공정한 교환으로 서로 주고받았으니…
이보다 더 나은 거래는 결코 없었도다.

[반성과 토론을 위하여]

1. 그리스도는 교회의 신랑이시며, 교회는 그리스도의 아름다운 신부이다. 그리스도의 신부로서 아가서 5장 9절에 나오는 사랑하는 사람의 질문에 답해 보라.
"여자들 가운데에 어여쁜 자야 너의 사랑하는 자가 남의 사랑하는 자보다 나은 것이 무엇인가?"

2. 누군가가 다른 사람의 죄에 대한 대가를 치르는 것이 정당하지 않다는 이유로 복음을 반대하는 불신자(또는 문제가 있는 신자)에게 어떻게 답하겠는가?

3. 우리와 다른 사람과의 연합보다 우리와 그리스도의 자연적 연합을 더 가깝게 만드는 것은 무엇인가?

4. 우리와 다른 사람과의 연합보다 우리와 그리스도의 영적 연합을 더 가깝게 만드는 것은 무엇인가?

5. 우리와 다른 사람과의 연합보다 우리와 그리스도의 계약적 연합을 더 가깝게 만드는 것은 무엇인가?

6. 히브리서 7장 20-22절의 맹세는 당신의 믿음에 어떤 의미가 있는가?

7. 그리스도는 하나님의 자비와 공의 사이의 명백한 갈등을 어떻게 해결하시는가?

과도한 사랑(Charitas Nimia) 또는 값비싼 거래

리처드 크래쇼

주님, 사람이 무엇입니까?
어찌하여 사람 때문에 주께서 그토록 값비싼 대가를 치르셨습니까?
사람이 파멸한들 주께서 잃으실 것이 무엇입니까?
주님, 사람이 무엇이기에, 아무것도 아닌 것을
그토록 비싼 값을 치르고 사셨습니까?

그 사랑은 너무도 친절하여
사람을 너무 단순한 상인으로 만들곤 한다.
담대한 화가들이 눈독을 들인 물건과 같이.

아아, 위대하신 주님.
우리 같은 벌레들이 주님과 무슨 상관이 있습니까?
천국은 여전히 천국일 것이고
인간이 지옥에 머물더라도
인간의 비애가 주님과 무슨 상관이 있습니까?

인간을 자기 상처 위에서 혼자 울게 내버려두라.
천사들은 잠들지 않을 것이며
천국의 순환도 여전할 것이다.

여전히 활기찬 영혼들은 찬송을 부를 것이고
여전히 위대한 왕궁은 빛날 것이다.
여전히 그 아름다운 빛의 사역자들은 모두 밝게 빛날 것이다.

그들은 주님 앞에 빛나는 머리를 숙일 것이다.
여전히 왕들과 통치자들은 주님을 숭배할 것이고
늘 깨어 있는 불의 아들들은
밤낮으로 주님께 찬양 드리고
주님의 사랑받는 이름을 고귀한 악기로 연주할 것이다.

고집 센 먼지가 자기의 일을 하게 하도록,
오만한 바람에 자신을 내던지게 두어라.
왜 강퍅한 흙 한줌이 주님의 오랜 보살핌을
영원히 가져야 하는가?
내 광기가 나에게 무슨 짓을 했는지 보기 위해
왜 주님께서 끔찍한 가슴을 숙여야 하는가?

절망적인 어리석은 자의 실패 때문에
왕은 그의 왕좌를 포기해야 하는가?
세상의 빛나는 눈이
죽게 될 모든 벌레를 위해 울어야 하는가?
어리석은 벌레가 제멋대로 자라서 죽는 것 때문에
과연 장엄한 태양의 영광이 줄어들까?

그가 금빛 머리를 숙일까?
아니면 더 빨리 서쪽의 안식처를 찾아갈까?

만약 내가 불행에 빠져 있다면,
주님과 주님의 천국과 무슨 상관이 있을까?
만약 내 악한 마음이 홍수를 부른다면
주님의 고귀한 피와 무슨 상관이 있을까?

나의 믿음 없는 영혼과
나의 세속적인 욕구들이
죄를 지으면 어떻게 될까?
어린양은 무엇 때문에 죽어야 했는가?
늑대가 죄를 지었을 때
어린양은 피를 흘리기 위해 무엇이 필요했을까?

만약 내 천박한 정욕이
죽음과 좋아 보이는 먼지와 흥정한다면
왜 하얀 어린양의 가슴에
내 죄의 수치를 나타내는
자줏빛 이름을 써야 하는가?

왜 주님의 얼룩지지 않은 가슴이
자신의 심장의 피로

내 부끄러움을 깨끗하게 만들어야 하는가?

오, 나의 구세주시여, 내게 보여 주소서.
주님께서 나를 위해 얼마나 많은 고통을 이겨 내셨는지

길을 잃은 내 삶이 이를 증명하도록
그때는 죽음으로, 지금은 사랑으로.

제10장
영광의 영광

> 모든 왕의 왕의 말(horses)로도,
> 그리고 모든 왕의 신하로도
> 그를 원래대로 되돌리지 못했다네.
> - 마더 구스 -

깨진 달걀을 원래대로 고치는 것은 정말 어려운 일이다.[56]

그러나 밥 딜런이 말한 것처럼 "모든 것이 망가졌다"(Everything is broken)면 어떨까?

> 부러진 쟁기 위의 부러진 손
>
> 깨진 조약,
>
> 깨진 서약,
>
> 깨진 파이프,
>
> 깨진 도구,

---

[56] 나는 몇몇 과학자가 연구비를 지원받으며 이 연구를 진행하고 있다고 생각한다.

깨진 규칙을 어기는 사람들.
사냥개가 짖는 소리,
황소 개구리 우는 소리,
모든 것이 망가졌다.[57]

만약 험프티 덤프티(Humpty-Dumpty, 역자주: 〈마더 구스〉에 나오는 주인공으로 담벼락에서 떨어져 깨져 버린 의인화된 달걀. 그 노래는 담벼락에서 떨어져 깨져 버린 험프티 덤프티를 왕의 말과 신하 모두가 다시 붙일 수 없다는 내용이다)가 아니라 왕의 부하들이 모두 쓰러졌다면 어떻게 될까?

누군가 다시 그들을 원래대로 되돌릴 수 있을까?

나는 몸통에 팔과 다리를 다시 접합하는 현대 의학의 기적에 대해 말하는 것이 아니다. 내가 말하고 있는 것은 우리가 아담과 함께 하나님과 거룩한 천사들에게서 멀어졌던, 바로 그 큰 타락의 회복에 대한 것이다.

나는 히틀러와 스탈린부터 무뇌아, 에이즈, 지구 온난화에 이르기까지 세상의 모든 잘못된 것을 바로잡는 것에 대해 이야기하고 있다.

지금쯤 당신도 그 일에 딱 맞는 적임자를 떠올렸을 것이다.

바울은 에베소 교회의 성도들에게 말한다.

> 하나님께서 모든 지혜와 총명으로 그 뜻의 비밀을 우리에게 알리신 것이요 그의 기뻐하심을 따라 그리스도 안에서 때가 찬 경륜을 위하여 예정하신 것이니 하

---

57 "Everything's Broken," Oh Mercy, ⓒ 1989 CBS Records Inc.

늘에 있는 것이나 땅에 있는 것이 다 그리스도 안에서 통일되게 하려 하심이라

(엡 1:9-10).

철학자, 과학자, 심리학자, 정치가들 모두가 잘못된 문제들을 바로 잡기 위해 노력하고 있다. 하나님의 은혜로 그들은 때때로 두 나라 사이의 평화를 회복하거나, 천연두를 없애거나, 곤경에 처한 사람들이 일상 생활에 대처할 수 있도록 돕는 데 성공하곤 한다. 그리고 우리는 이런 선물에 대해 당연히 하나님께 감사드린다.

그러나 언젠가 그리스도께서 모든 것을 다시 온전하게 만드시고, 심지어 시작할 때보다 훨씬 더 좋게 만드실 것인데, 이것이 바로 그리스도의 영광이다.

이런 회복에 관한 그리스도의 영광을 더 잘 이해하기 위해 세계 역사를 다시 살펴보도록 하자.

1. 두 가족의 이야기

하나님께서 천지를 창조하시기 이전의 우주를 상상해 보라.

머리가 아픈가?

만약 머리가 아프지 않다면 별다른 노력을 기울이지 않은 것이다. 창조 이전의 우주에 대한 상상은 쉬운 일이 아니다.

그러나 만약 당신이 창조 이전의 우주를 상상할 수 있다면, 그 속에는 무엇이 존재하고 있을까?

아무것도 없다. 존재하고 있는 것은 오직 하나님뿐이다. 세상을 창조하시기 이전부터 하나님은 존재하셨다. 성부, 성자, 성령은 사랑과 조화와 존재의 영광스러운 완벽함 속에서 세 위격을 가지신 한 하나님으로 영원 전부터 존재하셨다. 그리고 하나님은 자기 안에 모든 존재, 능력, 선하심, 지혜, 즉 우리가 지금 하나님에게서 숭배하는 모든 완전함을 가지고 계셨다.

천지를 창조하실 때 하나님은 자신의 능력과 지혜로 우주에 존재(being)와 선을 부여하셨고 이 모든 것은 하나님의 영광을 나타내시기 위함이었다. 천지창조는 하나님께서 자기 자신을 외부에 처음으로 내어 주신 것이었고 영광스러운 일이었다.

> 하늘이 하나님의 영광을 선포하고 궁창이 그의 손으로 하신 일을 나타내는도다 (시 19:1).

> 창세로부터 그의 보이지 아니하는 것들 곧 그의 영원하신 능력과 신성이 그가 만드신 만물에 분명히 보여 알려졌나니 그러므로 그들이 핑계하지 못할지니라 (롬 1:20).

이제 하나님의 이 창조 세계는 기묘한 생명 체계로서, 모든 부분이 서로 연결되어 자기에게 필요한 에너지와 자양물을 얻기 위해 서로 의존하고 있었다. 이 생명체계는 우리가 생물학에서 공부한 생태계와 공생관계, 먹이사슬과 태양계이다.

그러나 이 과학책에서 우리에게 가르쳐 주지 않은 것은 이 모든 상호 의존적 체계가 존재, 능력, 선의 영원한 근원이신 하나님에 의존한다는 것이다.

하나님께서 우주를 매 순간 작동하도록 하시는 것은 우주 만물을 창조하시는 것만큼이나 영광스러운 일이다. 우주를 유지하시는 하나님께서 그 손을 떼시면 우주는 스위치를 눌렀을 때 불이 꺼지는 것보다 더 빠르게 흔적도 없이 사라진다.

> 자기를 증언하지 아니하신 것이 아니니 곧 여러분에게 하늘로부터 비를 내리시며 결실기를 주시는 선한 일을 하사 음식과 기쁨으로 여러분의 마음에 만족하게 하셨느니라(행 14:17).

> 우주와 그 가운데 있는 만물을 지으신 하나님께서는 천지의 주재시니 손으로 지은 전에 계시지 아니하시고 또 무엇이 부족한 것처럼 사람의 손으로 섬김을 받으시는 것이 아니니 이는 만민에게 생명과 호흡과 만물을 친히 주시는 이심이라 … 우리가 그를 힘입어 살며 기동하며 존재하느니라 너희 시인 중 어떤 사람들의 말과 같이 우리가 그의 소생이라(행 17:24-28).

> 이는 하나님의 영광의 광채시요 그 본체의 형상이시라 그의 **능력의 말씀으로 만물을 붙드시며** 죄를 정결하게 하는 일을 하시고 높은 곳에 계신 지극히 크신 이의 우편에 앉으셨느니라(히 1:3).

하나님께서 자신의 완벽한 존재, 지혜, 그리고 권능으로 이 구체적이고 가시적인 피조물에 실존을 부여하신 것은 우리에게 하나님 자신의 영광을 보여 주시기 위함이었다.

하나님은 우리를 창조하시면서 우리가 우리 주변의 피조물과 창조 속에 있는 섭리 행위를 통해 하나님은 살아계시며, 전능하시고 의로우시며 공정하시고 선하시며 자비로우시다는 것을 배울 수 있도록 하셨다(롬 1:20). 하나님은 우리가 세상에서 하나님의 영광을 볼 수 있도록 계획하셨다.

하나님은 하나님을 알고 하나님께 영광을 돌릴 수 있는 마음을 가진 두 가족을 창조하셨다. 그리고 이 두 존재의 가족 각각에 알맞은 두 거처, 곧 하늘과 땅을 지으시고, 천사들은 하늘에, 인간은 땅 위에 두셨다.

하나님은 모든 피조물이 하나님의 형상과 영광을 끊임없이 선포하도록 하시기 위해 인간에게는 이 땅의 만물을 다스리는 권세를 주셨다. 천사들은 하늘에서 인간과 비슷한 역할을 했고, 그들만의 방식으로 하나님께 영광을 돌렸다.

이 창조는 하나님 보시기에 "심히 좋았다"(창 1:31). 창조가 가지는 한 가지 아름다움은 하나님과 천사들, 그리고 인간들 사이에 그 어떤 것도 존재하지 않는다는 것이다. 다시 말해 중재자가 필요 없었다(창 3:8 참조).

이 아름다운 질서, 하나님과 두 가족 사이의 이 연합은 죄로 말미암아 산산조각이 났다. 많은 천사와 모든 인류는 하나님에 대한 의존을 거부하고 하나님께 반기를 들었다. 더 이상 하나님이 그들의 삶의 중심이 아니었기에, 그들은 서로를 증오하며 집어삼키기 시작했다(창세기 4장에 나오는 가인과 아벨의 이야기를 비롯해서 나머지 역사를 참조하라).

하나님은 땅과 땅에 있는 모든 것을 저주하셨다. 하나님께 순종하는 천사들은 하나님과 함께 하늘에 남아 있었지만, 남자와 여자는 하나님의 영광스러운 임재에 함께할 수 없게 되었다. 하나님은 에덴동산 입구에 천사를 두어 그들을 막으셨다(창 3:24).

하나님은 타락한 천사들을 영원토록 의롭게 배척하심으로 끔찍할 정도의 가혹함을 보여 주셨지만, 일부 사람을 회복하기로 결정하심으로 하나님의 자비를 나타내셨다. 그러나 하나님은 일부 사람들을 구원하셨을 때에도 그들을 천사들과 분리된 상태로 두셨다. 즉, 한 가족은 하늘에, 다른 가족은 땅에 있게 하셨다.

그러나 하나님의 계획은 이 두 가족을 하나의 머리 아래 모으심으로 두 피조물이 영광스러운 한 가족이 되게 하는 것이었다. 이것이 바울이 에베소서 1장 9-10절(앞에서 인용)에서, 그리고 골로새서 1장 19-20절 "아버지께서는 … 땅에 있는 것들이나 하늘에 있는 것들이 그로 말미암아 자기와 화목하게 되기를 기뻐하심이라"에서 반복적으로 이야기한 것이다.

하늘과 땅의 모든 것을 다스리시는 이 새로운 머리는 사람이 되신 하나님의 아들 예수 그리스도시다(골 11:3; 엡1:22-23 참조). 이 영광은 오직 그리스도를 위해 예비된 영광으로, 그리스도 외에는 그 누구도 이 영광을 누릴 자격이 없었다.

또한 그가 만물보다 먼저 계시고 만물이 그 안에 함께 섰느니라. 그는 몸인 교회의 머리시라 그가 근본이시요 죽은 자들 가운데서 먼저 나신 이시니 이는 친히 만물의 으뜸이 되려 하심이요 아버지께서는 모든 충만으로 예수 안에 거하게 하시고(골 1:17-19).

그리스도는 하나님의 회복된 가정의 머리로서 천지의 모든 권세와 더불어 온전한 은혜와 영광을 받으셨다. 우리(그리고 천사들)는 그리스도를 통해서 들어오는 것 외에는 하나님으로부터 어떤 명령도, 능력도, 은혜도, 선함도 얻지 못한다. 우리는 그리스도 안에서 살고, 그리스도를 의지하며, 그리스도께 머리를 숙인다.[58]

물론, 천사와 인간은 다르기 때문에 그리스도는 다른 방식으로 각각의 머리가 되셨다. 죄에 빠지지 않은 천사들은 우리처럼 구원자가 필요하지 않았다. 그리고 우리 모두는 아담의 죄와 타락에 참여했기 때문에, 천사들처럼 그리스도의 영광 속에 있을 수 없었다. 그러나 각각의 경우에서 그리스도는 머리이시며 모든 것을 하나로 모으신다.

이는 깨진 달걀의 껍질을 다시 붙이는 것 이상이다.

그리스도 안에서 깨어진 모든 것이 회복된다.

---

58 제2장 참조.

2. 영광의 영광

간략한 세계 역사는 예수 그리스도 안에서 모든 것을 회복하시는 하나님의 지혜의 신비로운 사역을 거의 다루지 않는다. 그러나 역사는 그리스도의 영광이 우리의 가장 숭고한 생각보다 훨씬 높이 있다는 것을 알기에 충분하다. 우리의 묵상이 아무리 미약하더라도 우리는 믿음으로 그리스도의 영광을 묵상할 수 있다. 이제 그리스도의 영광에 대해 생각해 보자.

1) 오직 그리스도만이 이 영광의 무게를 견딜 수 있다

하늘과 땅에 있는 그 어떤 피조물도 이 새로운 창조 전체의 머리가 될 자격이 없었다. 그 누구도 하나님을 대신하여 만물이 그를 의지하도록 만들고, 만물이 그에게 복종하게 하며, 하나님께로부터 피조물에게 오는 모든 것이 오직 그를 통하지 않고는 전달되지 않게 할 수 없었다.

그러므로 성령이 그리스도의 영광에 대해 말씀하실 때, 성령은 그리스도와 같은 분이 없다고 분명하게 말씀하신다.

> 이는 하나님의 영광의 광채시요 그 본체의 형상이시라 그의 능력의 말씀으로 만물을 붙드시며 죄를 정결하게 하는 일을 하시고 높은 곳에 계신 지극히 크신 이의 우편에 앉으셨느니라(히 1:3).

그는 보이지 아니하는 하나님의 형상이시요 모든 피조물보다 먼저 나신 이시니 만물이 그에게서 창조되되 하늘과 땅에서 보이는 것들과 보이지 않는 것들과 혹은 왕권들이나 주권들이나 통치자들이나 권세들이나 만물이 다 그로 말미암고 그를 위하여 창조되었고 또한 그가 만물보다 먼저 계시고 만물이 그 안에 함께 섰느니라(골 1:15-17).

2) 역사 속에서 그리스도의 영광은 모든 영광 중에서 가장 위대한 영광이다

하나님은 자기의 영원한 아들이 사람이 될 것을 계획하셨다. 우리는 하나님께서 교회를 죄에서 구원하시기 위해 이 일을 행하셨음을 안다. 그러나 이제 우리는 하나님의 계획에 더 많은 것이 있음을 알고 있다.

그리스도는 단순히 자기 백성을 구속하실 뿐만 아니라(이것만으로도 충분히 놀라운 일이다), 그 안에 있는 모든 피조물을 하나로 모으신다. 그분은 만물의 근원이시며 만물을 영원히 하나로 묶으신다.

이 신성한 아름다움, 질서, 조화를 말로 표현할 수 있을까?

천사와 인간 사이의 친교도, 교회에 부어지는 생명, 은혜, 권능, 자비, 위로도, 그리고 하나님의 영광을 위한 모든 것의 통치도 그리스도께서 모든 것을 회복하시는 데 달려 있다. 이것이 하나님께서 성육신 안에서 그 아들을 위해 계획하신 영광이며, 이 영광은 그 어떤 영광과도 비교할 수 없는 영광이다.

이것이 그리스도의 가장 큰 영광이기 때문에 그 영광을 생각하면 기쁨과 환희가 넘친다. 모든 신자의 영혼은 그리스도께서 모든 피조물의 머리로서 하나님을 대신하여 모든 피조물을 다스리시고 돌보시는 분이라는 것을 알 때 새롭게 된다.

3) 역사 속에서 그리스도는 죄로 말미암아 타락한 피조물 안에 있는 하나님의 영광을 회복시키신다

> 상그레데크리스토산맥(the Sangre de Cristo Mountains, 역자주: 미국 콜로라도주 남부에서 뉴멕시코주 북부에 이르는 산맥) 너머로 드리워진 일출의 장엄함에 숨이 막힐 듯한 감동을 느껴 본 경험이 있는가?
> 하늘을 찌를 듯이 우뚝 솟은 삼나무 숲 앞에서 걸음을 멈추어 본 경험이 있는가?
> 첫아이를 낳고 기쁨의 눈물을 흘린 경험이 있는가?

상상할 수도 없는 일이지만, 이런 경험들은 창조의 영광의 그림자에 불과하다. 우리 주변과 우리 안에 있는 모든 것이 죄의 저주 아래서 탄식하고 있다(롬 8:20-22). 첫 창조의 아름다움은 하나님의 존재와 선하심과 지혜와 영원하신 능력을 선포했다.

이 모든 아름다움은 죄에 의해 파괴되었는데, 이는 누군가 레오나르도 다빈치의 모나리자를 보기 위해 마체테(machete, 역자주: 날이 넓고 무거운 칼로 무기로 쓰임)를 들고 간다고 하는 것보다도 더 말이 안 되는 일이었다. 그러나 그리스도는 잘못된 모든 것을 회복시키면서 하늘과 땅을 처음보다 더 영광스럽게 만드신다.

이것이 바로 그리스도의 영광이다!

4) 그리스도는 하나님의 무한하신 지혜를 알 수 있는 유일한 길 이시다

하나님의 지혜는 항상 그리고 모든 것에 무한하시다. 하나님은 한 가지 일을 다른 일보다 더 현명하게 하지 않으시고, 할 수도 없으시다. 하나님은 해조류를 만드실 때나 인류를 창조하실 때나 동일하게 현명하셨다. 최초의 창조에서 이 무한한 지혜는 하나님의 무한한 능력과 결합되었다.

> 여호와여 주께서 하신 일이 어찌 그리 많은지요 주께서 지혜로 그들을 다 지으셨으니 (시 104:24).

그러나 첫 피조물의 아름다움과 영광이 훼손되었을 때, 그 손상을 회복하기 위해서는 더 큰 지혜가 필요했다. 그래서 하나님은 모든 것을 그리스도 안에서 다시 한데 모으시고 그 위에 이전보다 더 큰 영광을 부어 주심으로써 그분의 피조물들에게 하실 가장 최고의 일을 하고 계신다. 바울은 이것이 우리가 하나님의 지혜의 충만함을 알 수 있는 유일한 방법이라고 설명한다.

> 모든 성도 중에 지극히 작은 자보다 더 작은 나에게 이 은혜를 주신 것은 측량할 수 없는 그리스도의 풍성함을 이방인에게 전하게 하시고 영원부터 만물을 창조하신 하나님 속에 감추어졌던 비밀의 경륜이 어떠한 것을 드러내게 하려 하심이라. 이는 이제 교회로 말미암아 하늘에 있는 통치자들과 권세들에게 하나님의 각종 지혜를 알게 하려 하심이니 곧 영원부터 우리 주 그리스도 예수 안에서 예정하신 뜻대로 하신 것이라(엡 3:8-11).

이것은 천사들이 하나님의 지혜의 충만함을 아는 방식이기도 하다. 천사들은 죄가 세상에 오기 전에는 회복해야 할 것이 없었기 때문에 죄를 알지 못했다. 천사들은 창조의 첫 영광 너머에 무언가 있다는 사실을 알지 못했다.

그러나 그리스도 안에, 즉 모든 피조물을 회복시키려는 이 계획 안에 "지혜와 지식의 모든 보화가 감추어져 있다"(골 2:3). 예수 그리스도는 이 점에서 영광스러우시며 영원토록 영광이 되신다.

5) 그리스도는 영광 가운데서 영원히 새로운 피조물을 보존하실 것이다

최초의 피조물이 훌륭했던 만큼, 그것은 파괴될 수도 있었다. 죄로 말미암아 천사와 인간의 아름다움은 상처를 입고 왜곡되었다. 그러나 이제 이 새 창조에 속한 모든 것, 곧 세상의 모든 신자와 하늘에 있는 모든 천사는 파멸로부터 안전하다. 그리스도께서 우리를 영원히 영화롭게 하실 것이다.

3. 말로 다 표현할 수 없을 만큼

누가 합당한 말로 이런 일들에 대해 말할 수 있을까?

누가 그리스도의 영광을 묘사할 수 있을까?

비록 이제 막 시작했지만 나는 그리스도의 영광에 대해 더 이상 쓸 것이 없다. 지금 나의 소망은 당신과 내가 성경이라는 거울을 통해 그리스도의 영광을 되새기고, 믿음의 눈으로 그리스도의 영광을 보고, 적어도 우리가 일상 속에서 그리스도를 존경하고 흠모할 수 있을 만큼 명확하게 보는 것이다.

[반성과 토론을 위하여]

1. 그리스도는 교회의 신랑이시며, 교회는 그리스도의 아름다운 신부이다. 그리스도의 신부로서 아가서 5장 9절에 나오는 사랑하는 사람의 질문에 답해 보라.

   "여자들 가운데에 어여쁜 자야 너의 사랑하는 자가 남의 사랑하는 자보다 나은 것이 무엇인가?"

2. 만물을 회복하시는 그리스도의 영광이 다른 모든 영광보다 그리스도의 영광을 더 크게 만드는 이유는 무엇인가?

3. 천사와 인간을 한 몸으로 모으시는 그리스도의 영광이 하나님의 다양한 지혜를 어떻게 보여 주는가?

우리는 결코
그리스도의 영광의 끝에 이르지 못했지만,
이제는 그 길의 끝에 무엇이 있는지
생각해야 할 때이다.
우리가 지금 믿음으로 그리스도를 볼 수 있는 것은
영광스러운 것이지만
하늘에서 보게 될 그리스도의 영광과 비교할 수 없다.

제11장

헤어져 반쪽뿐인 마음으로
사는 삶

> 마지못해 헤어져 사는 삶,
> 우리가 만나서 헤어지지 않을 때까지.
> - 헨리왕 -

1. 동부전선으로 유배

　올로모츠(Olomouc)는 기차로 프라하에서 동쪽으로 3시간, 뉴멕시코에 있는 내 아내로부터는 비행기, 기차, 자동차로 24시간 거리에 있는 모라비아(Moravia) 중심부에 있는 도시이다.

　어느 겨울, 올로모츠에서 두 달간의 안식년을 보내는 동안, 아내와 나는 아파트 주변의 눈을 녹일 만큼 뜨거운 러브 레터를 주고받았다. 아내의 편지는 내 양식이자 음료였으며, 얼어붙은 잿빛 하늘을 뚫고 나의 하루를 밝혀 주던 햇살이었다. 매일 정오가 되면 나는 우편물을 받기 위해 5층 계단을 달려 올라가 가사도우미를 찾았다. 아내가 직접 쓴 내 이름이 적힌 봉투를 들고 나는 곧장 내 방으로 돌아와 편지의 한마디 한마디를 곱씹으며 사랑을 음미했다.

그러나 아내의 편지가 아무리 감미롭다 하더라도 나를 만족시키기에는 충분하지 않았다. 안식년 휴가 첫 주 동안, 나는 그녀를 그리워하는 신음과 한숨을 담아 일기를 쓰기 시작했다. 마지막 날 "내가 원하는 것은 그녀를 잡고 절대 놓지 않는 것뿐이다"라고 쓸 때까지 내 신음과 한숨은 계속 커져만 갔다.

러브 레터는 실제, 즉 얼굴을 마주하고, 그녀의 눈을 응시하고, 내 몸과 닿아 있는 그녀의 따뜻한 몸과는 비교가 되지 않는다.

러브 레터의 '충분하지 않음'은 우리가 이 세상에서 믿음으로 그리스도를 보는 것과 비슷하다. 우리는 그리스도를 하나님이자 사람으로서, 또는 우리에게 유일한 하나님의 얼굴로서, 또는 하나님의 지혜로서, 또는 하나님의 사랑으로서 바라보며 그리스도의 영광 안에서 몇 시간이고 머물 수 있다. 그리고 그 영광은 우리 영혼을 먹이고, 위로하고, 기쁘게 한다.

그러나 그것만으로는 충분하지 않다. 우리가 이 세상에서 가질 수 없는 무엇인가가 더 있고, 그것은 우리로 하여금 그리스도와 함께 있고 싶어 안달이 나도록 만든다. 다윗과 바울 같은 그리스도의 연인들은 믿음으로 알 수 있는 그리스도의 영광과 사랑에 대한 가장 심오한 경험을 했음에도 불구하고, 더 많은 것을 원했다.

> 내 영혼이 하나님 곧 살아 계시는 하나님을 갈망하나니 내가 어느 때에 나아가서 하나님의 얼굴을 뵈올까(시 42:2).

내가 그 둘 사이에 끼었으니 차라리 세상을 떠나서 그리스도와 함께 있는 것이 훨씬 더 좋은 일이라 그렇게 하고 싶으나 … (빌 1:23).

다윗과 바울이 느꼈던 것은 보는 것에 의존하지 않고 믿음으로 살아가는 삶이 주는 좌절감이었다(고후 5:7). 이 세상에서 우리는 오직 믿음으로 하나님 앞에서 살아간다. 우리는 믿음으로 하나님의 은혜와 거룩함과 기쁨에 참여한다. 그러나 언젠가 우리는 눈으로 보게 됨으로 영원한 행복과 영광을 소유하게 된다.

우리는 지금 믿음으로 천국에서 눈으로 보게 될 그리스도의 영광을 소유하게 된다. 우리는 믿음으로 우리는 성경에서 우리에게 계시된 것처럼 그리스도를 묵상하면서 이 세상에서 그리스도의 영광을 '본다'. 본서가 말하는 것이 바로 그것이다.

그러나 제11장에서 우리는 이 세상에서 믿음으로 보는 그리스도의 영광과 다음 세상에서 우리가 보게 될 비전의 차이를 탐구할 것이며, 이는 실로 엄청난 차이이다.

2. 희미한 형상

비록 우리가 본서의 대부분을 이 세상에서 믿음으로 그리스도의 영광을 바라보는 관점에서 얻은 기쁨과 위안과 능력을 찬양하는 데 할애했지만, 우리가 보는 모습은 마치 이제 막 닦아서 광택이 나는 자동차에 비친 누군가를 보는 것처럼 선명하지 않은 칙칙한 이미지이다.

사실 바울은 우리가 살고 있는 현 시대의 거울을 염두에 두고 말하지 않았다.

> 우리가 지금은 거울로 보는 것같이 희미하나 그때에는 얼굴과 얼굴을 대하여 볼 것이요 지금은 내가 부분적으로 아나 그 때에는 주께서 나를 아신 것같이 내가 온전히 알리라(고전 13:12).

우리가 갈망하는 것은 얼굴과 얼굴을 대하는 것이다.

그러나 이 땅에서 우리는 단지 거울에 반사된 형상만 볼 수 있을 뿐이고, 그 형상은 매우 희미하고 불완전하다!

우리는 분명 복음에서 그리스도를 볼 수 있다. 그리고 내가 바라는 것은 당신이 본서의 여러 장을 통해 그리스도는 전적으로 사랑스러우시고, 열방이 바라는 분이시며, 샤론의 꽃이시며, 샛별이심을 보는 것이다. 그러나 우리가 믿음으로 볼 수 있는 그리스도의 형상은 하늘에서 볼 수 있는 그리스도의 명료한 영광에 비하면 비하면 색 바랜 오래된 사진과 같다.

바울이 고린도전서 13장 12절에서 이 세상에서 그리스도를 바라보는 우리의 시각을 설명하기 위해 사용한 단어는 수수께끼라는 단어에서 파생되었다. 수수께끼는 불가사의 또는 역설적인 말이다. 수수께끼는 믿음으로 그리스도를 보는 것과 얼굴을 대면하여 보는 것의 차이를 생각하는 또 다른 방법을 제시한다.

믿음으로 그리스도를 보는 것은 T.S. 엘리엇(T.S. Elliot)의 〈황무지〉(The Waste Land)나 윌리엄 포크너(William Faulkner)의 『소리와 분노』

(The Sound and the Fury) 또는 영어를 모르는 사람이 쓴 자전거 조립 설명서를 읽는 것과 같다. 이와는 반대로 어린양을 대면하는 것은 E.B. 화이트(E.B. White)의 『스튜어트 리틀』(Stuart Little, 역자주: 화이트가 처음 쓴 어린이 책으로 의인화된 쥐 스튜어트 리틀을 통해 희망을 이야기한 동화이다)을 읽는 것과 같다.

그러나 어둡고 모호한 것은 복음이 아님을 분명히 하자. 복음에서 그리스도는 분명히 십자가에 못 박히고, 높임을 받으시고, 영광을 받으셨다.

바울이 이야기하고 있는 것은 그리스도께서 우리에게 자신을 계시하시는 **방법**이나 **수단**에 대한 것이 아니라 우리가 그 계시를 이해하는 방식이다. 우리는 믿음으로 계시를 받는다. 그러나 우리의 믿음이 약하고 불완전하기 때문에 우리는 사람들이 역설이나 비유를 이해하는 것처럼 복음 안에 있는 그리스도의 영광을 불완전하고 어렵게 이해한다.

하나님의 종 욥의 말, "우리가 그에게서 들은 것도 속삭이는 소리"(욥 26:14)는 정확히 맞는 말이다. 우리는 너무 약해서 그리스도의 영광을 조금밖에 취할 수 없고, 심지어 우리가 그리스도의 영광을 취한다 해도 오래 간직하고 있을 수 없다. 이것은 눈으로 보는 것이 아닌 믿음으로 보는 것에 대한 좌절이다.

솔로몬의 아가서에 나오는 좌절한 연인과 마찬가지로, 우리는 그리스도께서 벽 뒤에 서 계신 것처럼, 또는 창문으로 내다보시거나, 창살을 통해 들여다보시는 것처럼 단지 그분의 모습을 어렴풋이 엿볼 뿐이다(아 2:9).

다시 말해, 그리스도에 대한 우리의 시각은 가로막혀 있거나 흐릿하거나 불안정하다. 죄 많은 육신이라는 우리의 연약함은 우리와 우리가 사랑하는 분 사이에 놓인 벽이며, 우리는 그분을 대면하기 전에 반드시 그 벽을 허물어야 한다.

그러나 때때로 그분은 복음이라는 창문이나 창살 사이로 우리를 바라보시며, 우리는 잠시나마 그분을 선명하게 볼 수 있다. 그러나 그 모습만으로는 여전히 충분하지 않기에 우리는 다윗과 마찬가지로 울며 고백한다.

> 하나님이여 사슴이 시냇물을 찾기에 갈급함 같이 내 영혼이 주를 찾기에 갈급하니이다 내 영혼이 하나님 곧 살아 계시는 하나님을 갈망하나니 내가 어느 때에 나아가서 하나님의 얼굴을 뵈올까(시 42:1-2).

3. 얼굴을 맞대고, 새로운 눈으로

그러나 이런 상황은 바뀌게 될 것이다. 언젠가 우리는 변함없는 안정된 시선으로 그리스도를 바라보게 될 것이다. 우리는 복음에 투영된 그리스도의 형상을 보는 대신 "얼굴을 대면하여" 그리스도를 보게 될 것이다(고전 13:12). 바울에 따르면 이 모습은 우리가 지금까지 보고 있는 그리스도의 "희미한(수수께끼 같은) 모습"과 대조되는 모습이다.

우리는 그리스도를 불완전한 설명이 아닌 있는 그대로(요일 3:2) 보게 될 것이다. 우리는 모세가 그랬던 것처럼(출 33:21-23) 우리 앞을 지나가는 그리스도의 뒷모습을 잠깐 보는 것이 아니라 집 앞에서 이웃과 만나 대화를 나누는 것처럼 그리스도를 만나서 이야기하게 될 것이다.

그리고 우리는 우리 눈으로 그리스도를 보게 될 것이다. 그것은 일종의 '영적 인식'(spiritual apprehension)이 아니다.

> 내가 알기에는 나의 대속자가 살아 계시니 마침내 그가 땅 위에 서실 것이라 내 가죽이 벗김을 당한 뒤에도 내가 육체 밖에서 하나님을 보리라 내가 그를 보리니 내 눈으로 그를 보기를 낯선 사람처럼 하지 않을 것이라 내 마음이 초조하구나 (욥 19:25-27).

하나님은 천국에서 우리의 시력을 독수리를 능가할 정도로 회복시키시고 영화롭게 하실 것이다. 하나님께서 이 일을 행하시는 이유는 한 가지, 즉 요한복음 17장 24절에 있는 주님의 기도에 응답하셔서 우리로 하여금 영원히 어린양과 그 영광을 취할 수 있도록 하시기 위함이다. 지금 성찬의 떡과 포도주에 담긴 그리스도의 표징을 보는 바로 그 눈으로 당신은 그리스도를 실제로 보게 될 것이다.

소름이 돋을 정도로 놀랍지 않은가?

당신은 그리스도의 인성만을 보는 것이 아니다. 당신은 그리스도의 신격이 그분의 인간 본성과 결합되어 있는 것을 보게 된다. 당신은 그리스도 안에 있는 무한한 지혜와 사랑, 능력의 완전함을 보게 된다. 우리가 이 세상에서 너무 약해서 희미하게 볼 수밖에 없었던 그리스도의 모든 영광이 영원토록 우리의 눈을 영원토록 가득 채울 것이다.

우리가 갈망하는 것은 그리스도의 얼굴을 마주 대하고 보는 것이다. 우리는 바울과 마찬가지로 "차라리 세상을 떠나서 그리스도와 함께 있는 것이 훨씬 더 좋은 일"(빌 1:23)이기에 그렇게 되기를 원한다. 우리는 차라리 "몸을 떠나 주와 함께 있기"(고후 5:8)를 원한다. 그곳에서 우리는 말로 표현할 수 없을 정도로 고대하던 영광 중에 계신 어린양을 보게 될 것이다.

그리스도의 영광을 갈망하지 않는 사람들, 즉 영혼과 마음이 종종 그리스도와 함께 천국에 있기를 갈망하지 않는 사람들 또는 그리스도를 만난다는 생각이 곤경에 처한 그들에게 안도감을 주지 못하고 최고의 기쁨이 되지 못하는 사람들, 그런 사람들은 단 한 번도 믿음으로 그리스도를 본 적이 없다.

영광 가운데 계신 그리스도를 보기 위해서는, 우리가 변화되어야 한다.

> 우리가 지금은 하나님의 자녀라 장래에 어떻게 될지는 아직 나타나지 아니하였다 (요일 3:2).

변화가 없으면 우리는 그리스도를 있는 그대로 볼 수 없다. 그리스도께서 변형되시고 그분의 인간 본성에 신성한 영광이 일정 부분 반영되었을 때, 제자들은 새 힘을 얻기는커녕 "엎드려 심히 두려워했다"(마 17:6).

제자들은 그리스도의 영광을 보았지만, 베드로가 그 일에 대해 이야기할 때 베드로는 "자기가 하는 말을 자기도 알지 못했다"(눅 9:30-33). 왜냐하면, 이 세상에서 영적으로나 육적으로나 그리스도의 영광을 직접 보고 받아들일 수 있는 눈을 가진 사람은 아무도 없기 때문이다.

사실 우리 주 예수님이 지금 당장 위엄과 영광으로 당신 옆에 오셔서 당신의 어깨를 두드리신다고 해도 당신에게 위로와 힘이 되지 않을 것이다. 왜냐하면, 당신은 예수님의 영광을 대면해서 감당할 자격이 없을 뿐만 아니라 준비도 되어 있지 않기 때문이다. 예수님이 사랑하시는 제자 사도 요한은 예수님의 친한 친구로서 애정을 가지고 여러 번 예수님께 몸을 기댔던 사람이다.

그러나 예수님이 영광 중에 그에게 나타나셨을 때 요한은 "그의 발 앞에 엎드러져 죽은 자같이 되었다"(계 1:17). 그리고 예수님께서 바울에게 나타나셨을 때 바울이 그 일에 대해 말할 수 있었던 것은 "하늘로부터 해보다 더 밝은 빛을 보았다"는 것과 그와 그의 일행들이 땅에 엎드러졌다는 것뿐이었다(행 26:13-14).

이것이 바로 그리스도께서 이 땅에서 사역하시는 동안 우리가 준비되기 전에 그분의 영광을 보지 못하도록 보호하시기 위해 자신의 영광을 연약한 육신과 온갖 고난 아래 감추신 이유이다.

지금 우리는 오직 성령을 통해서만 아들을 알기에 합당하다. 우리는 더 이상 구약성경의 예배 의식이라는 물리적 수단을 통해 그리스도를 알 수 없다. 그러나 우리는 이 현실을 뛰어넘은 사람들이다. 그리고 우리는 2000년 전 갈릴리에서 예수님의 제자들이 예수님을 알았던 것처럼 예수님의 육체적 임재 가운데서는 그분을 알지 못한다.

그러나 우리는 이 현실 역시 뛰어넘은 사람들이다. 우리는 때때로 제자들이 그랬던 것처럼 예수님의 육신을 볼 수 있기를 바라지만, 예수님은 지금 우리가 처한 현실이 훨씬 더 낫다고 말씀하셨다.

> 그러나 내가 너희에게 실상을 말하노니 내가 떠나가는 것이 너희에게 유익이라 내가 떠나가지 아니하면 보혜사가 너희에게로 오시지 아니할 것이요 가면 내가 그를 너희에게로 보내리니(요 16:7).

우리가 지금 믿음으로 그분의 영광을 보는 것이 제자들이 눈으로 그분의 인성을 보는 것보다 낫다. 그러나 그것만으로는 충분하지 않다.

4. 새로운 마음

어린양의 영광을 보기 위해서는 당신의 마음을 점검해야 한다. 하나님은 문자 그대로 당신의 마음을 바꾸실 것이다. 하나님은 무지라는 마지막 그림자를 몰아내시고, 조금이라도 흔들릴 수 있는 불안정한 상태를 굳건하게 만드시고, 믿음으로 그리스도를 보는 것을 방해하거나 막거나 흐리게 했던 모든 장애물을 제거하실 것이다.

우리의 육신은 우리의 마음을 헛되고, 어둡고, 부패하게 만들어 영적인 것을 분별하지 못하게 한다(고전 2:14). 우리가 거듭나 하나님 나라에 들어가게 되면, 우리를 눈멀게 했던 원죄의 어둠이 치유되어 우리가 참되게 볼 수 있게 되지만, 그 치유는 아직 완전히 끝나지 않았다.

우리는 예수님께서 두 단계에 걸쳐 볼 수 있도록 하신 소경과도 같다. 첫 단계에서 소경은 사람들이 걸어 다니는 것을 볼 수는 있었지만 그 모습은 마치 나무처럼 보였다. 예수님께서 두 번째로 그를 만지신 이후에 그의 눈에 모든 것이 분명해졌다(막 8:22-25).

그렇다. 우리는 영적인 것을 볼 수 있고 영적 진리를 분별할 수 있으며 심지어 믿음으로 그리스도를 붙들 수 있다. 그러나 여전히 오류와 나약함으로 좌절한 우리는 두 번째 치유의 손길을 바라며 탄식한다. 그리고 예수님께서 다시 우리에게 손을 내미시면 흉터나 상흔은 조금도 남아 있지 않게 될 것이다(엡 5:27).

이것이 얼마나 귀한 일인지 상상해 보라. 오늘날 우리의 마음은 기도에 게으르다. 우리가 마침내 영적 생각을 하게 될 때, 그 생각은 고작 2분 남짓 유지될 뿐이다. 우리의 생각은 마감 시한이 임박한 프로젝트 또는 이웃의 혐오스러운 말 또는 로또에 당첨되면 받게 될 2,300만 달러를 어떻게 쓸 것인지에 관한 계획들로 분주하다.

그러나 우리의 마음이 새롭게 되면 그 어떤 것도 우리의 눈을 그리스도와 그분의 영광에서 다른 곳으로 돌릴 수 없다. 우리는 지치거나 지루해지지 않는다. 우리는 더 나은 것을 찾기 위해 주위를 둘러보고 싶은 유혹을 느끼지 않는다. 우리의 생각은 순금같이 정결하게 될 것이며, 어린양에 대한 단 한 번의 생각만으로도 이 세상에서 우리가 가졌던 가장 좋은 모든 생각을 다 합친 것보다 더 큰 만족과 기쁨이 우리를 가득 채울 것이다.

5. 새로운 몸

우리의 몸이 영화롭게 될 때 우리는 우리의 구세주를 보게 될 것이다(욥 19:25-27). 우리의 몸이 어떻게 변할지 아직은 알 수 없지만(고전 15:35-49) 하나님은 우리의 몸이 하나님의 임재 안에서 영원한 행복을 품고 누리도록 준비시키신다.

순교자 스데반은 죽기 전에 이 영광을 맛보았다. 그가 공회에서 재판을 받았을 때, "공회 중에 앉은 사람들이 다 스데반을 주목하여 보니 그 얼굴이 천사의 얼굴과 같았다"(행 6:15).

그는 마태복음 17장의 예수님과 다르지 않게 어느 정도 변형되었다. 그리고 그분의 영화(glorification)가 시작될 즈음 스데반의 눈은 너무도 예리하고 강력해져서 땅과 하늘 사이 상상할 수 없이 먼 곳을 응시하며 "하나님의 영광과 및 예수께서 하나님 우편에 서신 것"(행 7:55)을 보았다.

그렇다면 완벽하게 영화롭게 되었을 때 우리의 시각이 발휘할 힘이 어떠할지, 아니면 새로워진 눈으로 우리가 누리게 될 달콤함과 상쾌함이 어떨지 알 사람이 있을까?

만약 당신이 역사의 어느 시점, 어느 곳이든 갈 수 있다면 언제, 어디로 가고 싶은가?

어렸을 적 나는 아버지와 이 게임을 하곤 했다. 아버지는 카멜롯에서 아더왕을 보고 싶다고 말했다. 그러나 그런 다음에는 항상 예수님께로 돌아오곤 했다. 아버지는 예수님을 직접 보고 싶어 하셨다. 우리 중 그 누구도 그런 여행을 마다할 사람은 없을 것이다.

제자들이 우리 주님을 보았을 때 그들은 "많은 선지자와 의인이 보고자 한 것"(마 13:17)을 보았다. 놀라운 특권이기는 했지만, 스데반이 감추어지지 않은 영광 가운데 계신 주 예수님을 보기 위해 하늘을 우러러 보았을 때 보았던 것에 비하면 제자들이 본 주님은 아무것도 아니었다. 그러므로 우리의 눈이 스데반의 눈을 넘어 영광스럽게 정결해지고 강건해진다면 참으로 멋진 일이 아닐 수 없을 것이다!

6. 현재의 어둠

이 영광은 물을 찾기에 갈급한 사슴처럼(시 42:1) 우리가 갈망하는 것이다. 그것은 주님의 유언 기도(요 17:24)에 대한 응답이며 우리 영혼의 궁극적인 만족이다.

이 영광은 지금 우리가 믿음으로 그리스도를 영광스럽게 바라보는 것과 어떻게 다를까?

이 땅에 있는 우리는 연약함이라는 짐을 지고 있다. 여전히 우리에게 남아 있는 무지와 나약함이 우리의 믿음을 방해한다.

천국이 도래하는 것같이 우리가 그리스도의 영광 안에서 경배하고 찬양하며 그 아름다움에 놀라워하고, 우리를 향하신 그리스도의 온화하고 용감한 사랑으로 인해 마치 천국으로 옮겨진 듯한 느낌을 받는 그 순간에도 우리의 예배에는 구원을 갈망하는 탄식이 담겨 있다.

> 그뿐 아니라 또한 우리 곧 성령의 처음 익은 열매를 받은 우리까지도 속으로 탄식하여 양자 될 것 곧 우리 몸의 속량을 기다리느니라 우리가 소망으로 구원을 얻었으매 보이는 소망이 소망이 아니니 보는 것을 누가 바라리요(롬 8:23-24).

우리는 믿음과 영적 이해 가운데 성장하면서 우리의 짐을 더욱 더 잘 인식하게 되며 구원, 즉 하나님의 자녀라는 완전한 자유를 얻기 위해 더욱 더 간절히 부르짖는다. 이것이 바로 성령 안에서 성숙한 신자의 표식이다. 천국에 가까워지면 가까워질수록 그리스도께서 천국에 계시기 때문에 천국을 더욱 갈망한다.

믿음의 눈으로 그리스도를 자주 그리고 안정적으로 볼수록 우리는 그리스도를 바라보는 우리의 눈을 흐리게 하는 모든 방해물을 제거하기 위해 신음하며 갈망한다.

사실 우리는 혼란스럽고 불안정하고 불완전해 보이는 우리의 생각을 부끄러워하고 염려하지 않고서는 그리스도를 생각할 수 없다. 우리는 그리스도에 대해 더 잘 생각할 수 없고, 더 오래 생각할 수 없으며, 그리스도로 인해 더 깊이 감동받지 못함으로 인해 탄식한다.

> 과연 우리는 언제 비로소 그리스도께로 갈 수 있을까?
> 우리는 언제 그리스도와 함께 있으면서 그분을 떠나지 않을 수 있을까?
> 우리는 언제 그리스도를 있는 그대로 볼 수 있을까?

대개 이런 고민과 탄식은 가장 깊은 묵상의 결과이거나 심지어 가장 깊은 묵상의 주된 내용이기도 하다. 그렇기에 나는 이 세상 끝날까지 이 문제가 나의 문제가 되게 해 달라고 기도한다.

그리스도의 영광에 감동한 신자들의 마음은 극점에 고정되지 않은 나침반의 바늘과 같다. 그들의 마음은 고요할 수 없고, 예수님과 떨어져 있는 것에 더 이상 만족할 수 없다. 그들의 마음은 기도와 묵상 속에서 헐떡이며 한숨과 탄식 가운데 울고 있다. 그들은 계속해서 그들의 극점인 그리스도께로 향하지만, 결코 완전하게 고정되어 있지는 못한다.

7. 수많은 증인

우리는 이미 제8장에서 구약의 신자들이 그리스도의 영광에 대한 귀중한 계시를 가지고 있음을 보았다. 그러나 구약의 계시들은 현재 우리가 성경에서 소중히 여기는 것보다 훨씬 더 모호하고 불완전했다. 구약의 신자들은 그리스도를 볼 수 있었지만, 그림자와 모형, 상징과 은유라는 가림막 아래서만 볼 수 있었다.

그런데도 그것들은 구약의 신자들에게 믿음의 양식(food)이었으며, 그들은 성령이 그리스도에 대해 말씀하시는 것을 찾기 위해 "연구하고 부지런히 살폈다"(벧전 1:10-11). 구약의 신자들은 본을 보임으로 여전히 무지와 나약함에 맞서 싸우는 우리에게 그리스도의 영광을 찾으라고 가르친다.

그들은 커다란 영적 지혜를 가지고 있었다. 그들은 예배 의식에서 기쁨과 영광을 누렸다. 그들은 예배 의식을 자신들이 가지는 최고의 특권으로 여겼고, 신성한 지혜와 사랑의 계획과 장차 다가올 좋은 일의 그림자인 예배 의식을 사랑했다.

그러나 이와 동시에 그들은 자신들의 예배에서 상징화된 경이로움을 보고 즐길 수 있는 회복의 시간이 오기를 갈망했다. 반면에 미래를 바라보지 않고, 그림자 자체에 안주하며 그것을 신뢰한 사람들은 하나님께 버림을 받았다.

당신은 모세, 룻, 다윗, 그리고 이사야를 존경할 것이다. 비록 당신이 구약성경을 설명할 복음을 가지고 있고 가려져 있는 베일을 걷어낼 성령이 함께하심에도 불구하고 지금 당신에게 구약성경의 일부가 얼마나 비밀스럽게 보이는지 생각해 보라.

그러니 구약의 신자들은 얼마나 더 이해하기 힘들었겠는가?

그러나 그들은 "약속을 받지 못하였으되 그것들을 멀리서 보고 환영했다"(히 11:13). 구약의 신자들은 약속된 것을 받아들이기 위해 가장 강력한 열정으로 손을 내밀었다. 그리고 구약의 신자들 중 마지막 한 사람인 시므온이 아기 예수를 품에 안았을 때, 그는 하나님께 부르짖었다.

> 이제는 말씀하신 대로 종을 평안히 놓아 주시는도다(눅 2:29).

이는 마치 "나는 내 영혼이 항상 갈망하는 것을 보았기에 이제 죽어도 여한이 없습니다"라고 말하는 것 같다.

그리스도의 영광을 보는 데 있어 우리가 처한 현재의 어둠과 연약함은 구약의 신자들이 가지는 어둠과 연약함과는 다르다.

그들의 어둠은 그리스도를 모형과 그림자로 보았다는 사실 그리고 미완성된 계시에서 온 어둠이지만, 우리의 어둠은 이미 살펴보았듯이 믿음 자체의 본질과 직접 대면하는 것이 아니라 복음에 나타난 그리스도의 형상을 보아야 한다는 사실에서 비롯된 어둠이다.

그러나 우리가 천국에서 누리게 될 어린양의 형상은 지금 우리가 가지고 있는 것과는 비교할 수 없을 정도로 분명하고 크다. 그래서 우리가 그리스도를 믿음으로 보는 방식과 구약의 신자들이 그리스도를 보는 방식 사이의 차이는 그에 비하면 거의 아무것도 아니다.

그러므로 구약의 신자들이 우리가 보는 것보다 훨씬 더 큰 것을 보기 위해 기도하고 갈망했다면 우리는 우리의 믿음이 가시화되기를 얼마나 더 갈망해야 할까?

구약의 신자들의 지혜는 그리스도의 영광을 예시하는 예배 의식에서 그들이 가진 빛을 기뻐하고 복음 안에서 더 밝은 빛과 계시를 항상 갈망하는 것이었다. 마찬가지로 어린양의 영광에 대한 계시를 감사히 묵상하는 동시에 천국을 위해 예비된 그분의 완전하고 영광스러운 모습을 계속해서 갈망하는 것이 바로 우리의 지혜가 될 것이다.

8. 편안한 동부전선?

동유럽에서 안식년을 맞은 내가 아내에게 다음과 같은 편지를 썼다고 가정해 보자.

> 사랑하는 피제이
> 당신의 편지는 내 모든 기쁨이오. 당신의 편지를 읽을 때마다 말할 수 없는 기쁨이 나를 압도하는구려. 당신의 편지를 읽는 것이 나에게는 너무나 기쁜 일이기에 계속해서 당신의 편지를 읽을 수 있도록 당신과 떨어져 있는 이곳 올로모츠에 계속 머물기로 결정했소.
> ― 사랑하는 당신의 남편

내 아내가 그런 헛소리를 참을 것이라고 생각하는가?
당연히 아니다. 이 편지는 결코 달콤한 편지가 아니다. 이 편지는 아내를 사랑하는 내 마음에 병이 들었다는 신호이다. 만약 우리가 하늘에 계신 그리스도의 완벽한 모습을 사랑하지 않는다면, 우리 자신을 위선자라고 부를 수밖에 없다.

만약 우리가 육신의 집에 있으면서 주님을 멀리하고 싶다면, 그것은 우리의 사랑이 병들었다는 징후가 틀림없다.

사람이 어떻게 하나님께 순종하거나, 참믿음으로 예수님을 사랑하거나, 영적 일에서 가장 큰 만족과 기쁨을 얻으면서도 그리스도의 영광을 거의 묵상하지 않은 채 그리스도와 대면하기를 갈망할 수 있을까?

우리 주님만이 무엇이 그분을 믿는 사람들을 영원히 행복하게 만드는지 완벽하게 이해하셨고, 주님의 기도는 그것으로 형성되어 있다. 주님은 우리가 주님이 계신 곳에서 주님의 영광을 보게 되기를 하나님께 간구하셨다(요 17:24).

만약 우리가 주님은 우리에게 가장 좋은 것이 무엇인지 알고 계신다고 믿는다면, 우리는 주님이 우리를 위해 기도하신 것에 대한 끊임없는 열망 속에서 살아야 하지 않을까?

오늘날 교회는 세속적이고, 나태하고, 무력하다는 비판을 자주 받는다. 그게 사실이라면 우리 스스로 우리를 속였기 때문일지 모른다. 우리는 세상이 우리에게 팔아 넘긴 좋은 삶에 마음을 두고, 연준이 금리를 올리지 않기를 기도하면서 월스트리트의 증권회사 직원을 믿는다.

그리스도의 영광을 생각하는 신자가 그리스도를 닮아 가듯이(고후 3:18), 세상에 마음을 둔 사람은 세상을 닮아 간다(시 115:4-8). 그들은 헛된 희망으로 가득 차서 아침 안개처럼 사라질 것들에 집착하고, 혼란 가운데 두려워하며, 오직 자신을 기쁘게 하는 데에만 관심을 갖게 된다.

지금 당신이 얼마나 좋은 믿음을 가지고 있는지 궁금한가?

계속해서 본서를 읽기 바란다.

[반성과 토론을 위하여]

1. 그리스도는 교회의 신랑이시며, 교회는 그리스도의 아름다운 신부이다. 그리스도의 신부로서 아가서 5장 9절에 나오는 사랑하는 사람의 질문에 답해 보라.
"여자들 가운데에 어여쁜 자야 너의 사랑하는 자가 남의 사랑하는 자보다 나은 것이 무엇인가?"

2. 우리가 이 세상에서 그리스도의 영광을 오직 "거울로 보는 것같이"(고전 13;12) 본다는 것은 어떤 의미인가?

3. 어떤 종류의 것들이 이 세상에서 그리스도의 영광에 대한 우리의 관점을 더 명확하게 하는가?
그 반대로 덜 명확하게 하는 것은 무엇인가?

4. 믿음으로 그리스도를 더 명확하게 보기 위해 할 수 있는 일은 무엇인가?

5. 그리스도와 얼굴을 맞대고 함께 있고 싶은 열망에 압도되었던 적이 있는지 생각해 보고, 그때를 설명해 보라.

6. 당신이 그리스도와 얼굴을 맞대고 함께 있는 것과 관련하여 당신이 고대하는 것은 무엇인가?

장거리 하이킹은 때때로

우리가 건강이 좋지 않다는 사실을 드러낸다.

마찬가지로 그리스도를 갈망하는

이런 모든 이야기를 들으며

자신의 마음이 올바른 자리에 있지 않다는 것을

깨달았을지도 모른다.

이제 우리 자신에게

몇 가지 어려운 질문을 던져 보자.

제12장
돌과 같은 내 마음

> 사실 내게는 나약한 영적 삶을 제대로 묘사할 만한
> 적합한 언어가 없네.
> 그럴 만큼 충분히 약하게 만들다가는
> 더 이상 언어 구실을 못할 걸세.
> 가스 버너의 불을 조금 더 약하게 줄이려다가
> 불을 꺼뜨리고 마는 상황과 같지.
> - C.S. 루이스 -

1. 우아하게 늙기

이 세상을 떠날 날이 머지않은 신자들에게는 동전의 양면 같은 두 가지 갈망이 있다.

첫 번째 갈망은 족쇄처럼 자신을 둘러싸고 있는 영적 부패나 타락에서 회복되는 것이다.

두 번째 갈망은 영적으로 새롭게 되어 더 영적으로 생각하고 거룩하게 무르익어서 하나님 나라를 위해 열매를 맺는 것이다.

신자들은 이 두 갈망을 세상과 그 안에 있는 모든 것보다 더 소중하게 여긴다. 그들의 마음은 밤낮으로 이 생각에 사로잡혀 있다.

오직 새롭게 하는 은혜만이 온갖 어려움과 유혹이 따르는 인생의 마지막 순간에 우리에게 용기를 북돋아 줄 수 있다. 바울은 이 영적 회복으로 말미암아 이 땅에서 자신의 삶이 저물어 가는 것을 보면서도 낙담하지 않았다고 고백한다.

> 우리의 겉사람은 낡아지나 우리의 속사람은 날로 새로워지도다(고후 4:16).

우리의 마음이 계속해서 새로워지고 소생되지 않는다면 고난, 특히 생을 마칠 즈음의 어려움이 우리를 압도하게 된다. 나이가 들수록 어려움이 커지는 경우가 많다. 친구들은 죽고, 고관절은 부러지고, 눈은 흐려지며, 기억은 오락가락한다. 결국, 우리는 욥처럼 신음할 수밖에 없다.

> 나는 내 보금자리에서 숨을 거두며 나의 날은 모래알 같이 많으리라 하였느니라(욥 29:18).

욥이 고백하는 이 죽음의 바람에서 우리를 구원할 수 있는 유일한 길은 우리의 속사람이 영적으로 매일 새롭게 되는 것이다.

하나님께서 백발의 성도들을 새롭게 하겠다고 약속하신 사실을 알고 있는가?

시편 기자는 다음과 같이 하나님의 자비를 선포한다.

> 의인은 종려나무 같이 번성하며 레바논의 백향목 같이 성장하리로다
> 이는 여호와의 집에 심겼음이여 우리 하나님의 뜰 안에서 번성하리로다
> 그는 늙어도 여전히 결실하며 진액이 풍족하고 빛이 청청하니
> 여호와의 정직하심과 나의 바위 되심과 그에게는 불의가 없음이 선포되리로다
> (시 92:12-15).

이 약속은 메시아의 날을 기념하는 시편 72편의 축복의 약속, 즉 "그의 날에 의인이 흥왕"(시 72:7)할 것이라는 약속으로 가득하다. 그 약속은 그리스도의 충만함에서 쏟아져 나올 넘치는 은혜의 약속이다 (요 1:16; 골 1:19 참조).

하나님의 백성들의 이 내적 풍요로움은 메시아의 영광이다. 신자가 마른 그루터기나 생명 없는 돌이라면 그들의 예배가 아무리 아름답고 외적으로 아무리 풍요로워도 교회에는 영광이 없다. 왕들의 영광은 백성의 부와 평화이며, 그리스도의 영광은 그분의 은혜와 거룩함이다.

시편 기자는 이 풍요로움은 종려나무 같고 그 무성함은 백향목 같다고 고백한다. 종려나무는 무성한 아름다움과 열매로 유명하고 백향목은 높이 자라는 것으로 유명하다. 그러므로 하나님 나라의 자녀들은 그들의 믿음의 아름다움과 그들의 순종의 열매와 더불어 그들

의 지속적 성장과 은혜의 증가로 알려져 있다. 그리고 이 법칙은 자신의 죄악 된 나태함으로 인해 성장이 저해되어 왜소한 졸참나무처럼 되지 않는 한 모든 신자에게 해당된다.

그러나 시편 92편의 핵심 단어는 14절에 있다.

그는 늙어도 여전히 결실하며 진액이 풍족하고 빛이 청청하니(시 92:14).

이 말은 자연 법칙에 위배된다. 늙은 신자들은 싱그러우며(또는 진액이 풍족하고) 푸르르며 열매를 맺을 것이다. 그들의 신선함은 하나님의 생명을 이끌어 내는 포도나무(요 15:1-8)이신 그리스도로부터 오는 은혜의 수액이 그들에게 지속적으로 흐르는 데서 기인한다. 시들거나 부서지지 않는 그들은 푸르고 활기차다. 마지막 날까지 그들은 사랑과 순종의 열매를 맺는다.

이것이 하나님의 약속이다. 우리가 자연적 쇠락과 때로 영적 부패에 직면할 때 하나님은 언약을 통해 우리에게 새롭고 푸르르고 결실하는 방법을 제공해 주셨다. 참으로 놀라운 특권이 아닐 수 없다. 이 특권은 우리가 연약한 가운데서도 "여호와의 정직하심과 나의 바위되심과 그에게는 불의가 없음이 선포되리로다"(시 92:15)라고 외칠 수 있게 해 준다.

노년의 짐을 생각해 보라. 무언가를 잊어버리는(그리고 당신이 잊고 있다는 것을 의식하는) 좌절감이나 매일 고통 속에서 깨어나는 것이 어떤 것인지, 목욕하고 옷을 입기 위해 다른 사람의 도움을 받아야 하는 것, 또는 요양원에서 가족과 친구들과 단절되는 것이 어떤 것인지 상상해 보라.

늙은 신자들의 믿음이 새로워지고 푸르러지고 번성하게 될 때 하나님의 신실하심과 권능과 의로우심 외에는 이 현상을 설명할 방법이 없다.

2. 번성의 복음

하나님께서 그리스도 안에서 우리에게 주신 영적 삶은 마지막까지 자라고 번성한다. 그것이 참된 믿음과 위선자들의 '일시적 믿음'을 구별하는 방법이다. 두 믿음 모두 처음에는 강하고 풍요로워 보일 수 있지만, 일시적 믿음은 언제나 쇠퇴하며 결국에는 시들고 만다(마 13:20-21).

영적 삶에 생기가 없는 사람들(또는 영적 삶이 급격히 악화되는 사람들)은 지금 깨어나서 그들의 신앙의 본질을 찾기 위해 마음을 닦아야 한다(고후 13:5). 왜냐하면, 성경은 하나님으로부터 오는 영적 삶은 마지막까지 칡넝쿨처럼 자랄 것이라고 분명히 말씀하고 있기 때문이다.

우리는 신앙생활에서 너무 자주 미끄러지고 흔들리다 보니, 결국 더 이상 성장을 기대하지 않는 경향이 있다. 그게 아니라면, 너무 오랫동안 (영적으로) 무감각하게 지내면서, 그리스도를 처음 만났을 때처럼 다시는 성장하지 못할 것이라고 생각한다. 그러나 하나님께서 하신 말씀을 생각해 보라.

1) 하나님은 우리의 영적 삶을 자라지 않으면 안 되는 것에 비유하신다

하나님은 참된 신자들을 일컬어 좋은 땅에 심겨져 물을 잘 공급받는 나무라고 부르신다(시 1:3). 신자들은 또한 새벽녘에는 희미하지만, 점차 크게 빛나 "한낮의 광명에 이르는"(잠 4:18) 태양과 같다. 그러므로 참된 믿음의 본질은 성장하는 것이다. 만약 우리의 믿음이 약하면서 둔하거나 심지어 정체되어 있다면 우리는 위선자나 다름없다.

성경은 우리가 영적으로 부패한 상태에서도 편안히 쉴 수 있는 이유를 전혀 제시하지 않으며, 우리가 어린 시절에 기도한 이후 오랫동안 하나님께 무관심한 삶을 살더라도 결국에는 천국에 가게 될 것이라는 오만한 확신에 대한 어떤 근거도 제시하지 않는다. 오히려 그 반대로 하나님의 어린양은 냉랭한 마음을 향해 엄포를 놓으신다.

> 내가 네 행위를 아노니 네가 살았다 하는 이름은 가졌으나 죽은 자로다. 너는 일깨어 그 남은 바 죽게 된 것을 굳건하게 하라 내 하나님 앞에 네 행위의 온전한 것을 찾지 못하였노니 그러므로 네가 어떻게 받았으며 어떻게 들었는지 생각하고 지켜 회개하라 만일 일깨지 아니하면 내가 도둑 같이 이르리니 어느 때에 네게 이르는지 네가 알지 못하리라(계 3:1-3).

> 내가 네 행위를 아노니 네가 차지도 아니하고 뜨겁지도 아니하도다 네가 차든지 뜨겁든지 하기를 원하노라 네가 이같이 미지근하여 뜨겁지도 아니하고 차지도 아니하니 내 입에서 너를 토하여 버리리라 네가 말하기를 나는 부자라 부요하여 부

족한 것이 없다 하나 네 곤고한 것과 가련한 것과 가난한 것과 눈먼 것과 벌거벗은 것을 알지 못하는도다 내가 너를 권하노니 내게서 불로 연단한 금을 사서 부요하게 하고 흰 옷을 사서 입어 벌거벗은 수치를 보이지 않게 하고 안약을 사서 눈에 발라 보게 하라 무릇 내가 사랑하는 자를 책망하여 징계하노니 그러므로 네가 열심을 내라 회개하라(계 3:15-19).

물론, 참된 신자들도 때때로 죄와 시련의 구름 아래에 머물러 있을 수 있다. 그러나 그들은 잠시 동안 폭풍 구름 뒤에 숨어 있다가 나중에 이전보다 더 영광스럽게 나타나는 태양과 같다.

2) 하나님은 그분의 자녀들이 마지막까지 번성하는 데 필요한 만큼 충분한 은혜를 주실 것을 약속하신다

하나님의 약속은 우리의 영적 삶을 시작하고 유지시켜 준다. 그 약속들로 말미암아 우리는 하나님의 성품에 참여한다(벧후 1:4). 이사야서의 한 구절을 생각해 보라.

나는 목마른 자에게 물을 주며 마른 땅에 시내가 흐르게 하며 나의 영을 네 자손에게, 나의 복을 네 후손에게 부어 주리니 그들이 풀 가운데에서 솟아나기를 시냇가의 버들 같이 할 것이라(사 44:3-4).

이 약속의 말씀을 살펴보면 이 말씀이 이스라엘에게 주어진 말씀임을 알 수 있다. 이 말씀은 이스라엘이 바벨론 포로 생활에서 돌아

올 때 마주하게 될 엄청난 축복의 약속이다. 그러나 신약성경은 이스라엘에 대한 이 회복의 약속이 믿음으로 그리스도 안에서 성취되었음을 분명히 한다.

이 특별한 약속은 회심 전과 후 모두에 걸쳐 우리가 어떤 존재인지를, 즉 우리는 목마르고, 메마르며, 황폐한 땅과 같다는 사실을 가르쳐 준다. 우리 자신에게는 우리를 푸르게 하거나 열매를 맺도록 할 단 한 방울의 물이나 단 한 줄기의 햇빛도 없다(고후 3:5).

우리는 10년 동안 가뭄을 겪은 서부 텍사스의 땅처럼 바짝 마르고 갈라질 것이다. 그러나 하나님은 그리스도 안에서 우리에게 오셔서 성령의 거룩한 물을 우리에게 부어 주신다.

우리는 비가 온 뒤의 풀처럼 푸르러지고, 리오그란데 강둑을 따라 늘어선 미루나무처럼 높게 자랄 것이다. 사막에 있는 그 어떤 식물도 그렇게 높이 자랄 수 없기 때문에 수 마일 떨어진 곳에서도 그 미루나무를 발견할 수 있다.

이것이 우리가 하나님의 약속을 먹고 사는 방식이다. 그러나 이 약속을 올바로 먹기 위해서는 우리가 알아야 할 것이 있다. 즉, 하나님은 우리가 하나님의 약속을 지키기를 원하신다는 사실이다.

어떤 의미에서 우리는 나무나 풀과 같지 않다. 그래서 그냥 가만히 앉아서 하나님이 우리에게 이런 축복을 내려 주시기만을 기다릴 수 없다. 우리는 하나님의 언약에 따라 많은 의무를 지켜야 하며, 이를 통해 하나님께서는 우리 안에서 이 약속을 성취하신다(벧후 1:4-10 참조).

이것이 우리가 우리를 번성하게 하는 은혜를 받는 일반적인 방법, 즉 믿음으로 부지런히 순종하는 것이다. 때때로 하나님은 타락한 상태에 있는 우리를 치유의 은혜로 놀라게 하신다(사 57:17-18 참조). 선한 목자는 주권적 자비로 길을 잃고 방황하는 양을 구하시기 위해 길을 나설 것이다. 그러나 우리가 성장하는 일반적인 방법은 두렵고 떨리는 마음을 가지고 믿음으로 순종하는 것이다.[59]

그리고 이런 사실은 이 영광스러운 약속에도 불구하고 우리의 나태함이 우리를 영적으로 약하고 황폐하게 만들 수 있음을 의미한다. 이것이 바로 교회의 영광과 아름다움에 대한 영광스러운 복음의 약속과 전형적인 그리스도인들의 삶 사이에 괴리가 생기는 이유이다. 우리는 우리의 목적, 즉 약속의 조건을 지키지 않는다.[60]

우리는 우리의 영적 삶이 늙어서 죽을 때가지도 번창하고, 성장하고, 번성할 것이라는 수많은 약속을 가지고 있다. 그러나 그런 은혜는 우리가 영적 게으름과 안도감 속에서 잠들어 있는 동안에는 우리에게 내리지 않는다.

다음과 같이 생각해 보라. 생명은 음식물을 통해 유지되며, 하나님은 우리의 영적 생명을 위한 양식을 마련해 주셨다. 이 양식이 바로 하나님의 말씀이다.

---

[59] 웨스트민스터 신앙고백 5.3. 참조. "하나님은 그분의 통상적 섭리에서 방편을 사용하지만, 그가 기뻐하시면 그것 없이 초월하여, 혹은 거슬러서 자유롭게 사역하신다."

[60] 나는 우리의 순종이 하나님의 은총을 받을 만한 가치가 있다고 말하는 것이 아니다. 우리가 순종할 수 있는 능력 역시 하나님에게서 오는 것인데, 어떻게 하나님에게서 더 많은 것을 얻을 수 있겠는가. 이것은 하나님께서 우리에게 요구하시는 언약의 문제이다.

> 갓난 아기들 같이 순전하고 신령한 젖을 사모하라 이는 그로 말미암아 너희로 구원에 이르도록 자라게 하려 함이라 너희가 주의 인자하심을 맛보았으면 그리하라 (벧전 2:2-3).

하나님은 말씀으로 큰 잔치를 베풀어 주셨다. 그러나 우리가 그 말씀 앞에 앉아서 먹기를 거부한다면, 마치 건포도처럼 영적으로 시들어 쪼그라드는 것은 놀랄 일이 아니다.

우리가 하나님의 말씀을 깊이 파고들기에는 너무 게으르거나, 죄로 말미암아 하나님의 말씀을 가벼이 여기고 무시하게 된다면 우리는 포도나무에 붙어 있어도 죽을 수밖에 없다. 그러나 하나님은 우리에게 필요한 모든 양분을 우리 생의 마지막 날까지도 공급해 주셨다.

3. 고통스러운 현실

우리가 번성할 것이라는 하나님의 약속과 우리의 성장을 위한 하나님의 은혜로우신 공급에도 불구하고 때때로 우리는 영적으로 퇴보한다. 종종 가장 오랫동안 믿어 온 사람들이 우리 영혼의 영원한 안전함에 대한 혼란, 의심, 두려움에 사로잡히는 일종의 영적 쇠퇴에 가장 취약하다.

영적 쇠퇴는 미끄러운 비탈길이거나 깎아지른 절벽과 같을 수 있다. 미끄러운 비탈길은 은혜의 삶에서 모든 활력을 점진적으로 고갈시키는 일반적인 쇠퇴이다. 깎아지른 듯한 절벽은 갑작스럽게 엄청난 유혹을 받고 죄에 빠지는 것, 즉 양심을 허비하고 평화를 빼앗는 그런 죄이다.

일시적으로 믿는 모양만 취하는 신자들은 특히 하나님의 섭리로 인해 그들이 비정상적인 번영 또는 고난에 직면했을 때 결국 그들의 위선적 본색을 드러낸다. 그들은 기독교적 형식에 충실할지는 모르지만, 그들의 삶은 그들을 새롭게 하시는 하나님의 능력을 전혀 보여 주지 않는다(잠 1:31; 딤후 3:5).

그리고 일시적인 신자들은 자신이 점점 냉랭해지고 있다는 사실조차 모르고 있다. 그들의 마음은 그리스도를 제외한 모든 것으로 가득 차 있다. 그들의 눈은 세속적인 것들에 고정되어 있기 때문에 자신이 얼마나 물질적인지 결코 알지 못한다.

이런 것이 아니라면 그들은 변화를 느끼더라도 상관하지 않는다. 그들은 "좀더 자자, 좀더 졸자, 손을 모으고 좀더 누워 있자"(잠 6:10)는 넋두리를 늘어놓는 영적 게으름뱅이들이다.

그러나 신자들은 하나님과 멀어지는 것을 결코 기뻐하지 않는 안절부절못하는 그런 사람들이다. 그들의 영혼의 냉기가 그들의 마음을 찌른다. 심지어 그들이 사탄의 함정에 빠지거나 그들의 육신이 그들을 속일 때, 또는 그들이 영적 부패로부터 회복하는 방법에 대해 무지할 때에도 그들의 마음은 여전히 냉담함으로 가만히 앉아 있을 수 없다.

성경은 미끄러운 비탈길이나 깎아지른 듯한 절벽을 미끄러져 내려가는 신자들로 가득 차 있다. 그리스도는 요한계시록 2장과 3장의 일곱 교회 중 다섯 교회가 서서히 타락해 가고 있다고 비난하신다. 다섯 교회의 그리스도인 중 일부, 특히 사데와 라오디게아에 있는 그리스도인들 중 일부는 너무나 타락한 나머지 그리스도의 심판을 받을 위험에 처해 있었다. 그리스도는 그들의 등잔대를 제자리에서 옮기겠다고 위협하셨다.

당신은 하나님을 거의 의식하지 못할 때까지 하나님으로부터 멀어지는 경험을 한 적이 있는가?

정말 위대한 믿음의 선진들 가운데 많은 사람이 알 수 없는 이유로 그들의 양심을 해치는 어떤 죄악에 깊이 빠지는 것을 보면서 비통한 마음이 들지 않는가?

죄의 무게로 인해 떨고 있는 다윗을 보는 내 마음은 찢어지는 듯하다.

> 여호와여 주의 노하심으로 나를 책망하지 마시고 주의 분노하심으로 나를 징계하지 마소서
> 주의 화살이 나를 찌르고 주의 손이 나를 심히 누르시나이다
> 주의 진노로 말미암아 내 살에 성한 곳이 없사오며 나의 죄로 말미암아 내 뼈에 평안함이 없나이다
> 내 죄악이 내 머리에 넘쳐서 무거운 짐 같으니 내가 감당할 수 없나이다
> 내 상처가 썩어 악취가 나오니 내가 우매한 까닭이로소이다(시 38:1-5).

우리가 큰 죄를 짓거나 부주의로 인해 오랫동안 악을 행할 때 우리는 하나님의 불쾌함을 알게 된다. 하나님의 찌푸린 얼굴을 틀림없이 알아차리게 된다. 우리의 두려움은 우리의 생각과 마음을 열고 우리

가 얼마나 아픈 상태인지를 보여 준다.

다윗의 범죄가 너무 컸기 때문에 모든 사람이 시편 38편의 다윗처럼 자기 죄를 선명하게 느끼는 것은 아니지만, 우리는 모두 자기의 죄를 느낀다. 그리고 각 사람은 자기 마음의 고통을 안다(잠 14:10). 우리가 이런 양심의 책망 아래서 신음할 때 우리는 홀로 외롭다. 우리의 마음은 하루 종일 고통을 겪고, 다른 사람들은 우리가 왜 행복하지 않은지 이해하지 못한다.

그러나 신자들이 자신의 타락을 슬퍼하는 모습을 보는 것이, 하나님에게서 멀어져도 아랑곳하지 않는 모습을 보는 것보다 낫다. 슬퍼하는 사람들은 회복의 길에 있지만, 천하태평인 사람들은 죽음으로 향하는 길에 있다.

4. 오, 하나님, 나를 찾으소서!

타락한 사람이라는 사실을 납득시키는 일은 회복하는 것만큼이나 어렵다. 그러나 납득이 없으면 어떤 치유도 있을 수 없다. 납득시키는 것은 성령의 역사여야 한다(시 139:23-24).

그러니 이제 다음 몇 페이지를 읽으면서 성령님의 도우심을 구하라. 그리고 성령께서 그리스도를 향한 당신의 마음속에 어떤 냉담함이나 둔감함을 드러내시는지 확인하라.

1) 성령께 "내가 그리스도에 대한 열렬한 사랑과 그리스도에 대한 신실함에서 조금이라도 벗어나 있습니까"라고 여쭤 보라

나는 하나님께서 어떤 영혼들을 영적 나태, 태만, 유혹의 덫 또는 적어도 오랜 정체기와 깊은 계곡에서 보호하셨다고 확신한다. 그러나 나는 그런 영혼들을 만난 적이 없다. 구약성경에는 그런 예가 거의 기록되어 있지 않다. 사실 우리가 교훈을 얻기 위해 기록된 거의 모든 삶은 (종종 큰 어려움에 처해) 넘어진 뒤 하나님의 도움을 받은 사람들의 이야기이다.

시편 28편에 나오는 다윗의 애가를 아는가?

시편 103편에서 다윗은 자신의 구원을 기념한다.

> 내 영혼아 여호와를 송축하며 그의 모든 은택을 잊지 말지어다
> 그가 네 모든 죄악을 사하시며 네 모든 병을 고치시며
> 네 생명을 파멸에서 속량하시고 인자와 긍휼로 관을 씌우시며
> 좋은 것으로 네 소원을 만족하게 하사 네 청춘을 독수리 같이 새롭게 하시는도다
> (시 103:2-5).

하나님께서 당신의 영적 질병을 고치시고 영적 능력을 회복시키는 것보다 더 귀한 하나님의 은혜가 있는가?

하나님께서 자주 우리에게 영적 부패에 대해 경고하시고, 그 영적 부패로부터 우리를 회복시켜 주겠다는 많은 약속을 하시기 때문에, 그리고 우리가 넘어진 사람들의 놀라운 사례들을 많이 알고 있기 때

문에, 마음이 둔한 사람들이 교회에 날마다 넘쳐난다는 사실은 그다지 놀라운 일이 아니다.

> 그러나 당신은?
> 당신의 영혼은 어떤가?
> 표류하고 있는가, 아니면 하나님과 함께 있는가?

만약 당신이 타락에 관한 이야기에 혼란을 느낀다면, 즉 영적 상실의 고통을 전혀 알지 못했다면 당신은 두 가지 끔찍한 이유 중 하나에 해당될 수 있다.

어쩌면 당신은 영적으로 강해 본 적이 없기 때문에 영적으로 약하다고 느끼지 않을 수도 있다. 태어날 때부터 연약한 사람은 힘을 잃는 것이 어떤 것인지 모른다. 당신은 내 친구 노먼 존스가 느꼈을 감정을 상상할 수 없을 것이다. 젊었을 때 노먼은 건장한 운동선수였지만 세월이 흐르면서 그의 몸은 다발성 경화증으로 서서히 파괴되었다.[61]

많은 사람이 그리스도의 이름은 받아들이지만 그리스도의 삶을 받아들이기 위해 애쓰지 않는다. 그들은 아무런 죄의식 없이 온갖 종류의 죄를 계속 짓는다.

만일 당신이 그들에게 위험을 경고하려고 한다면, 그들은 마치 롯의 사위들이 소돔이 멸망할 것이라는 경고를 들었을 때(창 19:14) 롯

---

[61] 나는 노먼처럼 겉으로는 쇠약해 가고 있지만 속으로는 날마다 새로워지는 사람, 누군가에게 좋은 모범이 되는 사람을 만난 적이 없다. 노먼은 나에게 하나님의 은혜에 대해 많은 것을 가르쳐 주었다.

을 쳐다보았던 것처럼 당신을 쳐다볼 것이다. 마치 당신이 방금 그들에게 달은 마늘로 만들어졌다고 말한 것처럼 말이다.

사람들은 늘 그런 상태였기 때문에, 그들에게 회복에 대해 이야기하는 당신을 어리석다고 생각한다.

"도대체 무엇을 회복해야 한다고 말하는 거야?"

회복이 더 낫다는 사실을 이해하지 못하는 사람은 결코 회복을 바라지 않는다. 만약 당신이 영적 쇠락을 경험해 본 적이 없다고 생각한다면, 영적 능력을 알고 있었는지 솔직하게 자문해 보라.

그게 아니라면, 어쩌면 당신은 운전대에서 잠을 자고 있기 때문에 영적으로 약하다고 느끼지 않을 수도 있다.

라오디게아 교회는 자신이 가야 할 길에서 멀리 벗어나 있었지만 너무 안전해서 자신이 하나님 안에서 번성하고 있다고 여겼다. 라오디게아 교회는 자신이 은사와 은혜가 풍부하다고 생각했지만 실상은 "곤고하고 가련하고 가난하며 눈 멀고 벌거벗었다"(계 3:17). 라오디게아 교회는 영적으로 너무나 가난해서 교회 안에 영적 숨결이 남아 있는지 알 수 없었다.

하나님은 에브라임(이스라엘 북왕국)이 백발이 무성할 것이라고 말씀하셨지만, 에브라임은 알아차리지 못했다(호 7:9). 이스라엘은 빠르게 쇠퇴하고 있었지만, "이 모든 일을 당하여도 그들의 하나님 여호와께로 돌아오지 않으며 구하지도 않았다"(호 7:10).

자신이 감염되었다는 사실을 확인하는 것을 거부하는 사람들은 결코 치료법을 찾지 않는다(눅 5:31-32).

경건한 설교자가 그런 교인들 앞에 서서 그들에게 회복을 요청하면, 그들은 항상 설교자가 다른 교회에 대해 말하고 있다고 생각하거나 아니면 설교자가 그들을 모욕했다고 생각하며 분개할 것이다!

2) 당신에게 여전히 평안과 기쁨이 있는가?

평안과 기쁨은 신실하고 건강한 신앙생활에서 온다.
당신의 평안과 기쁨은 고난과 유혹 속에서도 변함이 없는가?
아니면 쉽게 불안해지고 혼란스러워지는가?
그리스도의 평안은 영적 부패와 일치하지 않는다. 만약 당신이 평안을 잃었다면 어느 정도는 그리스도에게서 멀어진 것이다.

3) 당신의 영적 생활에서 쇠퇴의 외적 징조가 보이는가?

종종 우리는 썩은 것을 찾기 위해 우리의 영혼 깊은 곳을 파헤칠 필요가 없다. 그것은 마치 집의 벽에서 페인트가 벗겨지는 것처럼 누구나 볼 수 있게 겉으로 드러나 있다.

오만, 이기심, 세속성, 사치스러운 옷차림이나 오락, 여가 시간에 대한 지나친 관심,[62] 천박하고 음탕한 말, 일이나 야망에 사로잡히는

---

[62] 물론, 여가 시간은 다른 사람들에게 선을 행하거나 하나님을 섬기기 위해 자신을 강화하는 데 사용될 수 있다. 그러나 여기서 내가 말하는 것은 〈누가 백만장자가 되고 싶습니까?〉(*Who Wants to Be a Millionaire?* 역자주: 영국 텔레비전 퀴즈쇼)를 보는 것과 같은 단순한 오락의 의미이다.

것 … 이런 것들이 세상의 방식이라는 것은 명백하다.

> 이런 것들이 에녹, 아브라함, 모세, 다윗, 이사야, 바울, 요한이 주님을 기쁘시게 하기 위해 살았던 방식인가?
> 이런 것들이 당신이 그리스도께 처음 왔을 때 살았던 방식인가? (렘 2:2)
> 내 말을 이해하고 마음에 찔림을 느낀다면 왜 하나님의 어린양에게 당신을 치유해 달라고 부르짖지 않는가?

4) 하나님이 싫어졌는가?

바로 이 질문에 당신은 충격을 받아야 한다. 그러나 죄로 인해 하나님의 백성은 하나님께 싫증을 느낀다.

> 공적 예배이든 사적 예배이든 간에 예배에 대한 흥미를 잃어버렸는가?
> 가정 기도를 소홀히 하는가?
> 영적 의무를 그냥 넘어가는 것을 정당화하기 위한 방법을 자주 찾고 있는가 혹은 더 심각하게, 모든 영적 의무를 겉으로는 충실히 행하지만, 속은 마치 생명 없는 로봇처럼 무감각한 상태인가?
> 입술로는 하나님께 가까이 가려 하지만, 마음은 오리 블라인드(역자주: 오리 사냥을 위해 몸을 숨기는 은신처)에 있거나, 골프장에 있거나, 여전히 침대 속에 머물러 있는가?(사 29:13; 마 15:8; 막 7:6)

나는 이런 형태가 더 나쁘다고 생각한다. 왜냐하면, "하나님은 영이시니 예배하는 자가 영과 진리로 예배"(요 4:24)해야 하기 때문이며, 하나님은 공허한 예배를 드리는 자들에게 무서운 위협을 가하시기 때문이다(시 50편 참조). 하나님은 업신여김을 받지 않으신다.

사실 예배에 대한 마음을 유지하는 것은 쉽지 않다. 예수님께서 동산에서 졸고 있는 제자들에게 말씀하신 것처럼 예배는 영적 근면과 주의를 요구한다(마 26:41).

세상, 육신, 마귀는 모두 당신을 대적하며 당신을 현대의 바리새인으로 만드는 것 말고는 그 어떤 것도 원하지 않는다. 세상, 육신, 마귀는 에메랄드성이 보이는 양귀비 밭에서 잠들도록 당신의 영혼을 안심시키기 위해 음란의 유혹, 세속의 유혹 또는 그저 게으름이라는 유혹을 사용한다.

당신의 육신은 당신이 그리스도인으로서 이미 성취한 것(오래도록 하나님을 섬겨 온 사람들에게는 큰 유혹)에 안주하려고 할 것이다. 이 내적 박해자보다 한 발 앞서기 위해서는 하나님을 붙잡기 위해 노력해야 한다(사 64:7). 그리고 하나님을 붙잡기 위해 끊임없이 노력하는 것은 영적으로 건강하다는 신호이다.

우리가 예배를 향한 마음을 잃을 수 있는 또 다른 방법은 어거스틴이 하나님께 성적 순결을 달라고 기도하면서도 아직은 아니라고 했던 것처럼 우리가 버리기를 거부하는 애완용 죄(a pet sin)를 간직하려는 것이다. 영과 진리로 드리는 예배는 죄를 소멸시키는 큰 능력을 가지고 있다.

알려진 죄에 대해 깨지지 않고는 영과 진리로 하나님을 예배할 수 없다. 따라서 은밀한 죄와 영적 예배가 함께 있는 진정한 예배가 아니라 속이 텅 빈 형식적 예배에 불과하다.

5) 하나님의 영광이 당신을 통해서 빛나는가?

그리스도를 위한 열심, 하나님과 다른 사람들 앞에서의 겸손, 죄에 대한 깨어짐, 하나님의 일에 대한 끊임없는 생각, 사랑, 자기 부인과 같이 하나님의 영광을 분명히 나타내는 은혜가 있다. 당신이 설령 오랫동안 신앙생활을 해 온 신자라 하더라도 이런 것들이 당신의 혈관을 타고 흐르고 있는지 살펴보라.

그 은혜들이 당신 안에서 자람으로(벧후 1:8) 그 열매가 하나님의 신실한 은혜의 공급을 보여 주는가?

여기 당신의 마음을 판단하는 몇 가지 방법이 있다.

(1) 당신의 영적 욕구는 어떤가?

당신은 여전히 하나님의 말씀의 젖을 사모하는가?(벧전 2:2-3)

나는 몇몇 사람, 특히 나이가 많은 몇 사람을 알고 있는데, 그들은 음식을 먹지 않는다는 이유로 병원에 입원했다. 영적 배고픔을 잃어버린 사람들 역시 마찬가지로 병든 것이다. 당신이 여전히 설교를 듣고 싶은지 여부뿐만 아니라 예전만큼 설교를 듣기 원하는지 스스로에게 물어보라.

왜 설교를 듣고 싶은가?

일부 위선자들 역시 자신들이 누구의 교회에 간다고 자랑하거나, 교회가 그들을 즐겁게 하기 때문에, 또는 설교자에게 흠을 잡을 수 있기 때문에 설교를 듣고 싶어 하기도 한다.

사람은 대부분 나이가 들면 음식에 대한 미각을 상실한다. 이전에 먹었던 음식이 지금 먹는 음식보다 더 맛이 있었다고 생각하기가 쉽다. 그러나 실상은 음식이 변한 것이 아니라 그들이 변했을 뿐이다. 마찬가지로 설교가 젊었을 때만큼 좋다는 생각이 들지 않는다면, 당신의 마음속에 어떤 변화가 있는 것은 아닌지 자문해 봐야 한다.

우리가 식욕을 잃는 또 다른 이유는 배가 부르기 때문이다. 멕시칸 레스토랑에서 콤비네이션 플레이트(Combination Plate, 역자주: 일반적으로 메인 음식과 다양한 사이드 메뉴의 조합을 의미)를 게걸스럽게 먹은 사람은 데쓰 바이 초콜릿(Death by Chocolate, 역자주: 초콜릿, 특히 다크 초콜릿이나 코코아를 주요 성분으로 하는 다양한 케이크와 디저트에 대한 구어체 설명 또는 마케팅 용어) 한 조각을 보는 것만으로도 속이 울렁거린다.

> 배부른 자는 꿀이라도 싫어하고 주린 자에게는 쓴 것이라도 다니라(잠 27:7).

영적 식욕의 상실 역시 자신과 세상으로 가득 찬 배부름이 원인일 수 있다. 그러나 말씀을 갈망하는 사람들은 말씀의 달콤함(시 19:10)을 발견한다. 심지어 말씀의 가장 쓰라린 책망도 그들에게는 달콤하다.

(2) 그리스도가 당신 인생의 첫 번째이자 최고인가?

우리의 영이 번성하면 소중한 하나님의 어린양 때문에 인생의 다른 모든 것은 뒷전으로 밀린다. 그분은 우리가 생각하고 갈망하고 행하는 모든 것의 왕좌에 앉아 계신다. 우리는 그분이 기뻐하시는 일을 알기 원하고 행하기 원한다(행 5:10).

그러나 신앙이 쇠퇴한 사람은 그 자리를 종교가 대신한다. 믿음은 인생에서 추구하는 많은 것 중 하나일 뿐이다. 일주일 중에 하루, 또는 그 하루 중 적어도 몇 시간 이상은 안 된다. 하나님은 사업, 학교, 우정, 오락에 간섭하는 반갑지 않은 손님일 뿐이다.

(3) 당신은 그리스도와 그분의 백성들을 위해 최선을 다하는가?

그리스도 안에 사는 사람은 열매, 특히 남을 섬기는 사랑의 열매를 맺는다(요 13장과 14장의 문맥 속에서 요15:1-17 참조).

하나님께서 섬기라고 당신을 부르실 때 얼마나 빨리 손을 드는가? 섬기기를 주저하는 것은 영적으로 병들었다는 표시이다.

5. 새롭게 하는 회개의 눈물이

그러면 성령께서 당신의 마음을 살피셨는가?

성령의 빛이 추운 곳, 어두운 곳, 건조한 곳 등 당신 마음속 은밀한 곳을 비추고 있는가?

만약 그렇다면, 그리고 당신의 마음이 그리스도를 향하여 부드러워지고 새롭게 되기를 갈망한다면 기뻐하라. 이것은 당신을 향한 그리스도의 은혜의 표시이다. 아마도 다음의 시가 당신의 기도가 될 수 있을 것이다.

[반성과 토론을 위하여]

1. 당신이 영적으로 건강하다는 한 가지 표시는 어린양과 그분의 말씀이 다른 어떤 것보다도 소중하다는 것이다. 시편 119편에서 시편 기자가 말씀의 소중함을 얼마나 많이 말하는지 찾아보라 (최소 20구절 이상).

2. 당신이 영적으로 쇠퇴한 때를 생각해 보라.
미끄러운 경사 또는 깎아지른 절벽 중 어느 것이었는지 기억하는가?
당신이 영적으로 쇠퇴했음을 어떻게 알게 되었는가?
반복되는 죄악 된 일상을 막을 수 있는 방법에는 어떤 것이 있는가?

3. 하나님께서 언약을 지키시고 영적으로 쇠퇴한 상태의 당신을 회복시키신 때를 생각해 보라.
하나님께서 어떻게 당신을 구하셨나?

그 경험들을 토대로 하나님을 찬양하는 기도문을 여섯 또는 일곱 문장으로 작성하라.

더 나은 부활

크리스티나 로제티

내게 어떤 즐거움도, 어떤 말도, 어떤 눈물도 없네.
내 안에 있는 심장은 돌과도 같아
희망에든 두려움에든 무감각할 뿐
이리저리 둘러봐도 나는 홀로 머무네.
눈을 들어 보아도, 비통함으로 침침할 뿐
영원한 언덕들은 보이지 않네.
내 삶은 떨어지는 이파리에 있으니
오, 예수님, 어서 데려가소서.

내 삶은 빛바랜 이파리 같으니
내 수확은 빈깍지들처럼 줄어들고
내 삶은 실로 쓸모없고 짧기만 하지.
불모의 황혼 속에서 지루할 뿐
내 삶은 얼어붙은 것 같으니
싹도 없고 푸름도 볼 수 없네.

그러나 일어서리니 - 봄의 수액
오, 예수님, 제 안에서 일어나소서.

내 삶은 깨져 버린 사발 같으니
내 영혼을 위한 물 한 모금도
시린 추위를 견디게 할 음식도
담을 수 없이 부서진 그릇,
불에 던져 타 버린 것.
녹아내려 다시 모습을 갖추어
나의 왕, 그분을 위한 귀한 잔이 되기까지.
오, 예수님, 저를 들어 마시소서.

마지막으로,

길에서 벗어난 모든 이에게,

하나님께서는 강한 손을 내밀어 도와주신다.

제13장
메마르고 굶주린 채로
나는 그분을 찾는다

•
•
•

> 내가 받을 자격이 없을 때,
> 하나님은 나에게 가장 큰 것을 주셨다.
> 내가 본 것은 구주의 얼굴 그 자체였던 것 같다.
> - 프레드릭 버크너 -

1. 바베트의 만찬

이삭 디네센(Isak Dinesen)의 재밌는 단편 소설은 딘(Dean)이라고 불리는 예언자에 의해 시작된 노르웨이의 청교도 종파에 대한 이야기이다. 딘이 살아 있는 동안 그 작은 신앙공동체는 번성했다.

그러나 딘이 죽자 몇 년이 채 못되어 공동체는 쇠퇴했고 남아 있는 사람들은 "다소 불평이 많고 다투기를 좋아하게 되어 안타깝게도 공동체 안에 작은 분열이 일어나곤 했다." 딘의 두 딸 마르티네와 필리파는 공동체의 형제자매들을 지키기 위해 최선을 다하지만, 이 공동체는 분명히 영적으로 쇠퇴한 상태였다.

그런데 바베트가 프랑스 복권에 당첨된다.

바베트는 수년 동안 마르티네와 필리파를 겸손하게 섬겨 온 하녀이자 요리사로 비밀스러운 과거를 숨기고 있다. 그 누구도 그녀가 한때 파리의 카페 앙글레의 유명한 요리사였으며 저녁 식사를 '사랑의 향연'으로 바꿀 수 있다는 사실을 모른다.

파리에 돌아갈 가족이 더 이상 남아 있지 않았던 바베트는 공동체의 남은 제자들과 이제는 늙어서 자신의 죽음에 대해 깊이 생각하는 로벤히엘름 장군을 위한 한 끼 식사에 당첨금을 모두 쓰기로 결심한다.

바베트는 이 순박한 사람들을 위해 그녀의 최고 요리 중 하나인 '카이유 엉 사코파쥬'(*Cailles en Sarcophage*, 역자주: 메추리에 푸아그라와 블랙 트러플로 속을 채워서 패스트리로 감싼 요리)를 만든다. 그녀는 바다 거북을 주문해서 거북 스프를 만든다.

그녀는 (입맛 까다로운) 장군도 이제껏 맛본 적이 없는 최고의 아몬티야도(Amontillado)를 선보이고, 뒤이어 1860년산 뵈브 클리코(Veuve Clicquot)를 내놓는다. 바베트는 그들 앞에 메추라기, 패스트리, 신선한 과일을 계속해서 내놓는다. 참으로 즐거운 식사 시간이다.

식사 도중에 놀라운 일이 일어난다.

신도들 중 가장 나이가 많은 사람이 딘의 말을 빌려 은혜를 말했다. … 한 늙은 형제는 딘과의 첫 만남에 대한 이야기를 들려주었다. 또 다른 사람은 60년 전에 그를 개종하도록 만든 설교를 살펴보았다. … 식탁 반대편에 있는 한 자매는 딘이 살아 있었을 때 일어난 감히 기적이

라고 부를 수도 있는 기이한 사건에 대해 이야기를 시작했다.[63]

그들이 딘의 삶과 가르침을 되돌아보고, 바베트의 요리를 만끽하는 동안, "말수가 적은 노인들은 말문이 틔었고, 수년 간 거의 듣지 못했던 귀가 열렸다. 시간은 영원 속으로 녹아 들었다. 자정이 훨씬 지난 시각, 창문은 황금처럼 빛났고 아름다운 노래가 겨울 공기 속으로 흘러 나갔다."

오랫동안 깨져 있던 우정은 따뜻한 포옹으로 치유되고, 터져 나오는 웃음이 뿌리 깊은 원한을 대신한다. 해설자가 말했듯이 "그들에게는 천상의 한 시간이 주어졌었다."

비록 저물어 가는 나이였지만 이 늙은 신자들은 회복되었다.

이 소설은 하나님께서 타락한 백성을 위해 선포하시는 내용을 유쾌하게 그리고 있다.

2. 우리 앞에 소망이 있다

하나님께서 원하시는 것은 우리가 단지 살아남아서 최후까지 필사적으로 매달리는 것이 아니라 하나님 안에서 번성하는 것이다. 하나님은 우리가 영적 부패에서 회복하고 그리스도 안에서 성장하는 데 필요한 모든 것을 공급하셨고, 심지어 이 땅에서 우리의 삶이 끝날

---

[63] Isak Dinesen, "Babette's Feast," first published in 1958 in *Anecdotes of Destiny*. Republished in *Anecdotes of Destiny and Ehrengard* (New York: Vintage Books, 1993).

때까지 공급하셨다. 그리스도 안에 소망이 없다고 말할 수는 없다. 그것은 복음을 부인하고 하나님을 거짓말쟁이라고 부르는 것이다.

제12장에서 우리는 우리를 되살리겠다는 하나님의 약속 중 몇 가지만을 살펴보았다. 그러나 그보다 훨씬 더 많은 약속이 있다. 우리가 천국으로 가는 여정 속에서 저지른 모든 퇴행이 회복 불가능하다면, 우리는 모두 연기처럼 사라졌을 것이다.

만약 하나님께서 우리의 모든 실수와 비틀거림을 지켜보신다면 "누가 설 수 있을까?"(시 130:3)

만약 우리가 실패할 때마다 매일 아무런 도움을 받지 못했다면 우리는 영적으로 낙하산 없이 자유 낙하를 하는 처지가 되었을 것이다. 따라서 우리의 첫 번째 과제는 우리를 실망시키지 않을 소망을 품고 기대하는 것이다(롬 5:5).

3. 우리 앞에 힘든 일이 있다

영적 회복은 힘든 일이다. 그렇다. 건강이나 성장 또는 힘에 대한 모든 찬양은 오직 하나님께만 드려야 한다.

> 여호와여 영광을 우리에게 돌리지 마옵소서 우리에게 돌리지 마옵소서 오직 주는 인자하시고 진실하시므로 주의 이름에만 영광을 돌리소서(시 115:1).

그러나 제12장에서 이미 살펴보았듯이 하나님은 일반적인 수단을 통해 일하시며, 우리가 회복하는 일반적인 방법은 육신을 죽이는 힘든 일을 통해서이다.

> 너희가 육신대로 살면 반드시 죽을 것이로되 영으로써 몸의 행실을 죽이면 살리니 … (롬 8:13).

육신을 물리치는 방법을 자세하게 다루는 것은 본서의 범위를 벗어나는 것이지만,[64] 그래도 중요하기에 두 가지 경고를 소개하도록 하겠다.

1) 하나님의 무기로 육신을 공격하라

당신은 하나님께로부터 온 것이 아닌 방법을 제시하는 교사가 많다는 것을 알게 될 것이다. 우리가 그것들을 하나님께 드리려고 할 때 하나님께서는 우리에게 "누가 너희에게 이것을 요구하였느냐"(사 1:12)라고 말씀하신다.

예를 들어, 바리새인들은 하나님의 기쁨을 얻을 수 있는 일과 의무를 높이 쌓는 것으로 악명이 높았지만, 그 일들 중에서 하나님에게서

---

[64] 모든 기독교 문학 작품 중에서 '존 오웬 전집' 제 6권 『죄 죽이기』(*The Mortification of Sin*)보다 더 도움이 되는 책은 없다. 그의 책을 읽을 인내심이 없다면 내 책 *The Enemy Within: Straight Talk About the Power and Defeat of Sin* (Phillipsburg, N.J.: P&R Publishing, 1998)을 읽어 보기 바란다. 내 책은 비록 철저하지는 않지만 존 오웬의 장점들을 비교적 쉬운 언어로 다루고 있다.

나온 일은 거의 없었다. 교회는 하나님의 말씀에 근거가 거의 없거나 전혀 없는 금식, 순례, 금욕, 기도 및 의식을 추가했다. 바울은 교회의 그런 행위들을 철저히 비난했다.

> 이 모든 것은 한때 쓰이고는 없어지리라 사람의 명령과 가르침을 따르느냐 이런 것들은 자의적 숭배와 겸손과 몸을 괴롭게 하는 데는 지혜 있는 모양이나 오직 육체 따르는 것을 금하는 데는 조금도 유익이 없느니라(골 2:22-23).

문제는 우리가 자연스럽게 이런 인위적인 해결책에서 도움을 찾는다는 것이다. 우리는 우리 자신이 타락한 자라는 확신이 들 때 죄의식을 느낌과 동시에 양심의 위안을 얻고자 한다. 그래서 우리는 하나님의 진노 앞에서 죄를 뉘우치고, 하나님께 받아들여질 방법을 찾는다.

만약 우리가 이 시점에서 복음의 인도를 받지 않는다면 우리의 육신은 두 가지 제안을 내놓게 된다. 우선은 일주일 동안 금식 또는 일 년 동안 아이스크림을 먹지 않는 것과 같이 하나님께서 우리에게 결코 요구하지 않으신 특별한 의무나 봉사이다. 그다음은 하나님께서 명하신 것 이상으로 엄청나게 많은 의무를 부과하는 것이다.

미가서는 이 두 가지 예를 잘 보여 준다.

> 내가 무엇을 가지고 여호와 앞에 나아가며 높으신 하나님께 경배할까 내가 번제물로 일 년 된 송아지를 가지고 그 앞에 나아갈까 여호와께서 천천의 숫양이나 만만의 강물 같은 기름을 기뻐하실까 내 허물을 위하여 내 맏아들을, 내 영혼의 죄로 말미암아 내 몸의 열매를 드릴까(미 6:6-7).

때때로 우리는 죄책감이 너무 심해서 그 고통을 멈추기 위해 미친 듯이 무언가 특별한 일을 하고 싶어 한다. 그러나 하나님께서 우리의 영적 회복을 위해 우리에게 요구하시는 것은 단순하다. 즉, 육신을 죽이는 하나님의 방법에 새롭게 순종하는 것이다.

하나님의 방법은 하나님의 말씀 속에 요약되어 있으며 우리에게 아주 친숙하다. 즉, 끊임없이 하나님의 말씀을 읽고, 그 말씀이 말하는 것을 듣고, 말씀을 묵상하며,[65] 간절한 기도를 드리고, 유혹에 주의를 기울이고, 위의 것, 즉 그리스도께서 하나님 우편에 앉아 계신 곳에 생각을 집중하는 것이다.

2) 항상 그리스도께 의지하여(고전 15:10) 성령의 능력으로 육신을 대적하라(롬 8:13)

성령은 자신감과 독립성을 거부하신다. 우리 자신의 힘으로 하나님의 명령에 순종하기 위해 노력하는 것으로는 결코 형통할 수 없다(고후 3:5; 9:8). 그런 행동은 복음에 대한 순종이 아니다.

너무나 많은 사람이 기도하고, 성경을 읽고, 금식하고, 가난한 사람들에게 베풀고, 단순한 자제력으로 유혹을 물리치려고 고군분투한다. 마치 광고 속에서 두 주먹을 불끈 쥐고 얼굴을 찡그린 채 단호하게 "기침 안 할 거야, 기침 안 할 거야"라고 말하면서 기침을 하는

---

[65] 성경을 읽고 설교자 앞에 앉아 있는 것은 하나님의 말씀을 묵상하는 것과 다르다. 시편 119편을 읽고 이 말씀을 사랑하는 사람이 이 말씀을 읽는 것을 얼마나 기뻐하는지 자문해 보라(어떤 것도 찾을 수 없을 것이다).

남자처럼 말이다.

이런 태도는 그리스도를 배제한 채 우리를 허둥대게 만든다. 그러나 주님의 말씀을 들어 보라.

> 이르시되 너희가 너희 하나님 나 여호와의 말을 들어 순종하고 내가 보기에 의를 행하며 내 계명에 귀를 기울이며 내 모든 규례를 지키면 내가 애굽 사람에게 내린 모든 질병 중 하나도 너희에게 내리지 아니하리니 나는 너희를 치료하는 여호와 임이라(출 15:26).

우리 자신의 힘으로 육신을 공격할 때 일어날 수 있는 최악의 상황은 성공의 조짐이 보이는 어떤 일이 일어날 수 있다는 것이다. 왜냐하면, 우리의 교만은 그것을 자신의 공로로 삼기 위해 그 상황에 성급히 뛰어들 것이기 때문이다. 우리는 하나님 앞에서 우리 자신을 정당화하기 시작할 것이고, 그런 행위는 우리를 진실한 믿음, 복음, 그리스도로부터 멀어지게 할 것이다.

그러나 믿음은 모든 일에서 그리스도께 붙어 있으며, 그리스도의 도움 없이는 조금도 움직이지 않는다. 믿음은 성령으로 그리스도의 능력을 빌지 않고는 성경을 읽거나 찬송가를 부르거나 기도를 하거나 재능을 바치지 않는다. 바로 이것이 하나님의 아들을 믿는 믿음으로 산다는 의미이다(갈 2:20). 그리고 우리가 이렇게 살 때 하나님은 항상 우리를 회복시키신다.

4. 나는 너를 치유하는 주님이다

우리는 너무도 쉽게 타락하고 부패하기 때문에 하나님께서는 우리가 하나님의 뜻에 합당하게 순응한다는 조건하에 우리에게 크고 귀한 회복의 약속을 주셨다. 우리는 이미 제12장에서 이런 약속 중 몇 가지를 살펴보았다. 이제 한 가지를 더 살펴보고 영적 치유에 대해 무엇을 배울 수 있을지 알아보자.

> 이스라엘아 네 하나님 여호와께로 돌아오라 네가 불의함으로 말미암아 엎드러졌느니라
> 너는 말씀을 가지고 여호와께로 돌아와서 아뢰기를 모든 불의를 제거하시고 선한 바를 받으소서 우리가 수송아지를 대신하여 입술의 열매를 주께 드리리이다
> 우리가 앗수르의 구원을 의지하지 아니하며 말을 타지 아니하며 다시는 우리의 손으로 만든 것을 향하여 너희는 우리의 신이라 하지 아니하오리니 이는 고아가 주로 말미암아 긍휼을 얻음이니이다 할지니라
> 내가 그들의 반역을 고치고 기쁘게 그들을 사랑하리니 나의 진노가 그에게서 떠났음이니라
> 내가 이스라엘에게 이슬과 같으리니 그가 백합화 같이 피겠고 레바논 백향목 같이 뿌리가 박힐 것이라
> 그의 가지는 퍼지며 그의 아름다움은 감람나무와 같고 그의 향기는 레바논 백향목 같으리니
> 그 그늘 아래에 거주하는 자가 돌아올지라 그들은 곡식 같이 풍성할 것이며 포도나무 같이 꽃이 필 것이며 그 향기는 레바논의 포도주 같이 되리라

> 에브라임의 말이 내가 다시 우상과 무슨 상관이 있으리요 할지라 내가 그를 돌아보아 대답하기를 나는 푸른 잣나무 같으니 네가 나로 말미암아 열매를 얻으리라 하리라(호 14:1-8).

하나님은 방황하는 자녀들을 버리지 않고 돌아오라고 부르신다. 호세아서 13장 마지막 부분에서 우리가 알 수 있는 것은 대다수의 사람들이 자신의 사악함 때문에 하나님의 경고 아래 있었다는 것이다. 그리고 이 일이 있은 지 얼마 지나지 않아 하나님께서는 자신의 경고를 실제로 이루셨다.

놀랍지 않은가?

자기 백성의 극도의 악행에도, 심지어 그들의 아기를 땅에 내던지고 아이 밴 여인의 배를 갈라 버리겠다고 경고하시는 바로 그 순간에도(호 13:16) 하나님은 자비를 베푸신다. 요한계시록 3장 14-21절에서 예수님께서는 비참한 라오디게아 교회 역시 동일하게 다루신다는 것을 기억하라. 하나님께 속한 사람은 그 누구도 하나님의 은혜를 벗어날 수 없다.

이와 같이 배교가 만연한 시대에는 참된 신자라 할지라도 대중의 죄에 휩쓸려 영적 쇠퇴를 겪을 수 있다.

> 불법이 성하므로 많은 사람의 사랑이 식어지리라(마 24:12).

비록 참이스라엘 백성들이 하나님과 맺은 언약을 완전히 깨뜨리지는 않았더라도 그들에게 이런 일이 일어났다. 비록 그들의 죄가 크다 하더라도 하나님은 여전히 자신을 "주 너의 하나님"이라고 부르셨다.

하나님께서 우리를 회복시킬 계획을 세우실 때, 하나님은 우리의 치유를 위해 하나님의 방법을 사용도록 우리를 부르신다.

너는 말씀을 가지고 여호와께로 돌아오라(호 14:2).

다시 말해, 하나님은 우리에게 회개를 새롭게 하라고 부르신다. 특히, 하나님은 우리에게 간절한 기도를 요구하신다. 위험을 너무 가볍게 여기지 말라. 당신이 하나님을 대하고 있다는 것과 "살아 계신 하나님의 손에 빠져 들어가는 것이 무서운 일"(히 10:31)이라는 것을 기억하라.

모든 죄를 고백하고 하나님의 용서를 구하라(호 14:2). 단 하나의 애완용 죄(a pet sin)라도 붙잡고 그 죄를 하나님 앞에 몰래 가지고 들여가려 하지 말라. 하나님은 속지 않으신다. 모든 죄를 하나님께 가져가고 은혜 외에는 아무것도 구하지 말라.

선한 바를 받으소서(호 14:2).

하나님께 자비를 베풀어 주실 것과 당신을 받아들이셨다는 것을 마음속으로 알게 해 달라고 기도하라.

당신의 모든 죄를 하나님께 가져가기 위해서 구체적으로 고백하라. 호세아는 이스라엘이 사람에 대한 의존과 우상 숭배를 고백해야 한다고 말했다(호 14:3). 호세아가 활동할 당시에 이런 죄는 일반적이었으며 심지어 참된 이스라엘 사람들도 그 죄에 사로잡혀 있었다. 하나님은 온전한 고백을 기대하셨다.

회개를 새롭게 하는 것 이상으로 하나님은 우리가 하나님에 대한 믿음을 새롭게 하기를 기대하신다. 호세아서 14장 3절에서 하나님은 이스라엘에게 하나님의 자비를 그들의 소망의 기초로 고백하라고 말씀하셨다.

"고아가 주로 말미암아 긍휼을 얻음이니이다."

그리고 새로워진 회개와 믿음에서 우리의 찬양과 감사가 흘러나와야 하며, 이것이 하나님께서 우리를 치유하시는 목적이다.

> 입술의 열매를 주께 드리리이다(호 14:2).[66]

사실 하나님께서 이런 수단을 통해 우리의 영적 부패를 고치시고 우리의 타락을 치유하실 때, 하나님은 우리에게 은혜를 부어 주셔서 하나님의 영광을 찬송하게 하신다. 그래서 하나님은 우리에게 이런 의무들을 지시하시는 것이다.

우리의 순종이 우리를 치유하시는 하나님의 사랑과 은혜의 원인은 아니지만, 하나님은 우리의 순종을 요구하시며, 우리의 순종을 통해 은혜를 베푸신다. 성경에서 늘 그렇듯이 여기에는 하나님의 주권적 은혜("내가 그들의 반역을 고치고 기쁘게 그들을 사랑하리니"[4절])와 우리

---

[66] "주께서 우리를 다시 살리사 주의 백성이 주를 기뻐하도록 하지 아니하시겠나이까"(시 85:6).

의 성실한 의무("돌아오라"[1절], "말씀을 가지고"[2절]) 사이의 신비로운 조화가 있다.[67]

이것이 하나님께서 우리를 대하시는 방식이기 때문에 진실한 기도, 철저한 고백과 회개, 하나님을 향한 새로운 믿음과 찬양 등이 우리 마음속에서 작용하지 않는 한 회복을 기대할 수 없다. 우리가 계속 영적 게으름뱅이와 돼지로 세속의 진흙탕 속에서 뒹굴고 있다면 하나님께서 초대도 받지 않은 채 불쑥 나타나셔서 우리를 고쳐 주실 것이라고 기대할 이유가 없다.

만약 하나님께서 우리의 위험을 보여 주지도 않으시고 우리의 죄를 책망도 않으셨다면 과연 우리가 하나님께 감사해야 한다는 사실을 알 수 있을까?

그러면 우리는 하나님께 얼마나 감사해야 할까?

타락은 한낱 손거스러미(hangnail)가 아니다. 타락은 우리의 영혼을 약화시키는 암으로 만약 하나님께서 우리를 치유하지 않으시면 틀림없이 우리를 파멸시킬 것이다. 타락의 죄는 우리의 영혼에 매우 위험하기 때문에 성경은 종종 타락으로부터의 회복을 "치유"라고 부른다(시 6:2; 사 57:18-19; 호 6:1을 보라).

호세아서 14장에서 치유(4절)는 과거의 죄에 대한 용서와 열매 맺는 순종을 위한 새로운 은혜의 공급(4-7절)을 포함한다. 이 치유는 오직 하나님의 은혜(4절)로부터 흘러나오며, 5-7절에 나오는 하나님의 치유의 풍성함을 묘사하는 은유의 강물처럼 흘러나온다. 우리가 하

---

67 [빌 2:12-13]과 비교.

나님께 바라고 기대할 수 있는 것이 바로 이 영광스러운 치유이다.

5. 영적 회복과 그리스도의 영광

우리는 제12장에서 성령님께 우리를 살피시고 우리가 타락한 자인지 알려 주시기를 요청했기 때문에 우리가 그리스도의 영광에 초점을 맞추지 못했다고 생각할 수 있다. 그러나 "영적 부패에서 어떻게 회복할 수 있을까"라는 질문에 답할 때 우리는 바로 본서의 처음으로 돌아가게 된다. 알다시피 그리스도의 영광을 떠나서는 진정한 부흥이 있을 수 없다.

1) 우리가 받는 모든 은혜는 예수 그리스도에게서 온다

호세아서 14장에서 보았듯이 구약성경은 은혜를 약속한다. 그러나 우리가 그 은혜를 받는 방법은 신약성경에서 계시된다. 예수님은 우리가 예수님 없이는 손가락 하나도 까딱할 수 없다고 단언하신다. 포도나무에서 잘려 나간 가지처럼 우리는 예수님을 떠나서는 그 어떤 열매도 맺을 수 없다(요 15:3-5). 예수님은 우리의 머리이시고, 우리는 그분의 몸이다.

머리와 몸을 떼어 놓으면 어떻게 될까?

예수님은 우리의 생명이시며 우리가 하는 모든 유용한 영적 행동에 힘을 주신다(갈 2:20; 골 3:1-4).

당신은 당신의 영적 삶이 쇠퇴하고 있다는 생각에 조금이라도 마음이 흔들렸던 적이 있는가?

당신은 믿음과 사랑과 거룩함 속에서 번성할 영적 능력의 회복을 갈망하는가?

그렇다면 예수님을 떠나서는 전혀 가질 수 없는 이 마음을 단단히 붙잡으라. 당신은 성경에 있는 모든 약속을 요구할 수 있고 가장 엄격한 영적 훈련을 수행하기 위해 용기를 낼 수 있지만, 그리스도의 도움이 없는 한 절대로 안도의 숨을 내쉴 수 없다. 우리는 오직 그리스도를 통해서만 새롭게 될 수 있다. 그렇기에 그리스도는 영광스러우시다.

2) 우리가 받는 모든 은혜는 믿음에서 온다

믿음으로 우리는 그리스도께 나아가고, 그리스도 안에 심겨지고, 그리스도 안에 살면서 그리스도를 위해 열매를 맺는다. 믿음으로 말미암아 주님은 우리 안에 거하시고 우리 안에서 행하시므로 우리는 하나님의 아들을 믿는 믿음으로 살게 된다.

성경 어디에도 믿음 외에 그리스도로부터 무엇을 받을 수 있다는 암시를 찾을 수 없다. 믿음은 우리와 우리의 힘을 그리스도와 그리스도의 영광으로 향하게 한다.

3) 이 믿음은 그리스도의 인격과 그리스도의 은혜와 우리를 하나님께로 인도하는 그리스도의 모든 사역과 모든 것 속에 깃든 그리스도의 영광 안에 있다

우리는 본서를 처음 시작한 곳에서 마무리한다. 즉, 세상의 모든 지혜와 부요함보다 우리에게 더 필요한 것은 말씀으로 우리에게 계시된 어린양의 영광을 믿음으로 흔들림 없이 바라보는 것이다. 그것은 우리의 병든 영혼을 치료하는 유일한 약이고, 노년에도 우리의 영혼을 맑게 유지하는 유일한 참된 젊음의 샘이다.

> 그들이 주를 앙망하고 광채를 내었으니 그들의 얼굴은 부끄럽지 아니하리로다 (시 34:5).

> 그리스도를 바라는 것이 우리를 새롭게 할 것이라고 믿는 것보다 그리스도를 향한 믿음을 더 잘 표현하는 것이 있을까?
> 아니면 그리스도의 영광을 바라보는 것보다 더 훌륭한 믿음의 행위가 있을까?
> 그리스도를 바라보는 것이 그리스도에 대한 궁극적 확신이 아니겠는가?

4) 영적 회복은 그리스도의 영광을 바라볼 때 시작되고 계속된다(고후 3:18)

그리스도의 영광을 바라보는 것은 우리가 이미 살펴본 것처럼 성경이라는 거울을 통해 우리를 점점 더 그리스도의 형상으로 변화시킨다. 당신이 회복을 경험했다면 그것은 그리스도에 대한 보다 명확하고 지속적인 관점을 통해서였다. 만일 당신이 다시 새로워지려면, 그리스도의 영광을 볼 때 일어날 것이다.

우리는 우리의 믿음을 지탱하기 위해 충분히 많은 종교적 요행을 시도해 보았다. 이제는 우리를 구원하신 분께 다시 한번 눈을 돌려 그분의 아름다움에 압도당할 때가 되었다.

만약 우리 모두가 믿음의 눈을 항상 어린양의 영광에 고정시킨다면 교회는 어떻게 될까?

당신이 그렇게 되기를 바란다.

나 역시 그렇게 되기를 바란다.

[반성과 토론을 위하여]

1. 우리가 호세아서 14장에서 얻은 교훈 중 하나는 하나님의 백성이 상상할 수 없는 죄에 빠져 있을 때 하나님께서 어둠 속에서 그들에게 손을 내밀어 그들을 다시 하나님께로 부르신다는 것이다.

   노아, 모세, 아브라함, 삼손, 다윗, 베드로와 같은 사람들이 범한 죄에 대하여 생각해 보라. 그들의 죄에도 불구하고 하나님은 그들에게 손을 내미셨다.

   하나님의 이런 모습이 어떻게 하나님의 영광을 드러내는가?

2. 우리의 수고와 하나님의 주권적 자비가 어떻게 함께 협력하여 우리의 회복을 가져오는지 당신의 말로 표현해 보라.

3. 우리의 영적 회복이 어떻게 그리스도께 영광과 존귀를 가져오는가?

4. 다음은 본서 전체에 대한 최종 질문이다.

   그리스도의 영광을 보는 것이 어떻게 우리의 영적 회복을 가져오는가?

이방인으로서

크리스 룬가드

이방인인 나는 여기 광활하고 공허한 황무지를 헤매면서,
지치고 피곤한 몸으로 계속해서 주님을 바라보려고 합니다.
목마르고 굶주린 나는 그분의 보좌 앞에 무릎을 꿇고 기다리면서
그분을 찾고 있습니다.
목마른 사슴처럼 헐떡이는 내 마음은
오직 하나님 한 분만을 갈망합니다.
나는 그리스도를 기뻐하며 오직 그분의 임재만을 갈망하면서
천국을 찾고 있는 신자들 가운데 거하기를 원합니다.
주님, 우리의 눈이 우상에게서 멀어져 주님께 고정되기를 원합니다.
우리는 오직 당신의 거룩하고 살아 있는 말씀의 보물을 찾기 원합니다.
나는 불타는 마음으로 예수님을 갈망하며
이 죽음의 감옥에서 신음하고 있습니다.
내 영혼은 죽음이 베일을 벗길 때까지 그리움에 사로잡혀 있습니다.
우리가 천국에서 그분으로 옷 입을 때
우리는 그분을 대면하여 볼 것입니다.
우리는 그분의 주권적인 은혜로 인도되어
영원히 그 앞에 거할 것입니다.

CLC의 그리스도 관련 도서

❶ 예수님이 그리스도
한용현 | 사륙배판 | 212면

❷ 그리스도의 세 가지 직분
조윤호 | 신국판 | 556면

❸ 하나님의 아들 예수 그리스도
손석구 지음 | 국판 양장 | 320면

❹ 우리 안에 계신 그리스도
찰스 프라이스 지음 | 이진흠 옮김 | 사륙변형 | 312면

❺ 그리스도의 천국복음 사역
F. 브라이쉬 | 신국판 양장 | 688면

❻ 이사야서에서 그리스도와의 만남
임덕규 | 신국판 양장 | 376면

❼ 성경의 영-그리스도론
김재진 | 신국판 양장 | 552면

❽ 그리스도의 십자가 복음
임덕규 | 신국판 양장 | 352면

❾ 4복음서의 예수 그리스도
독고원 지음 | 국배판 | 216면

❿ 언약과 그리스도의 복음
임덕규 | 신국판 양장 | 304면

⓫ 그리스도의 경고
정석 지음 | 신국판 | 206면

⓬ 그리스도와의 연합
J. 토드 빌링스 지음 | 김요한 옮김 | 신국판 | 351면

⓭ 나는 죽고 그리스도만
로이 헷숀 지음 | 허정숙 옮김 | 사륙판 양장 | 296면

⓮ 기독론(기독교정통교리)
조영엽 지음 | 신국판 양장 | 648면

⓯ 예수 그리스도
송성진 지음 | 신국판 | 296면

⓰ 그리스도의 십자가
존 스타트 지음 | 지상우 옮김 | 신국판 양장 | 736면

⓱ 선지자와 그리스도(P&R)
　팔머 로벗슨 지음 | 한정건 옮김 |
　신국판 양장 | 576면

⓲ 예수는 주 예수는 그리스도
　이용효 지음 | 신국판 | 344면

⓳ 구약에 예표된 예수 그리스도
　김병원 지음 | 신국판 양장 | 624면

⓴ 예수 그리스도의 사활대속
　이병철 지음 | 신국판 | 184면

㉑ 그리스도를 본받아
　토마스 아 켐피스 지음 | 강철성 옮김 |
　국판 | 356면

㉒ 구약성경에 나타난 그리스도
　존 R. 라이스 지음 | 강정보 옮김 |
　국배판 | 264면

㉓ 계약신학과 그리스도(P&R)
　팔머 로벗슨 지음 | 김의원 옮김 |
　신국판 | 308면